Am Spinnrad der Zeit

Feiertage und Feste,
Kulte, Riten,
Volksglaube und Brauchtum im Jahreskreis

Ilona Picha-Höberth

Über die Autorin:

Ilona Picha-Höberth ist freie Erzählerin und Autorin.

Neben ihren künstlerischen Erzählveranstaltungen hält sie Vorträge, Seminare und Workshops, um die tiefenpsychologische Bedeutung und heilende Botschaft von Märchen und Mythen zu vermitteln.

Bisher erschienen im creAstro-Verlag:

«Wer küsst Rapunzels Schuh?»	2005
«Picco – ein Märchen»	2008
«Märchen vom Grünen Fluss»	2010
«Stille Nacht – Raue Nacht» CD	2010
«Märchen von der Unmöglichkeit ...»	2012
«Dunkles Land»	2016
«Seelenbrüche»	2018
«Stille Nacht – Raue Nacht» Buch	2019
«Zeit-Los»	2019
«Wasserburg mit anderen Augen sehen»	2020
«Wasserburg verWunschen & verZaubert»	2021
«Spieglein, Spieglein»	2022
«Das Haus der Uhren»	2022

Nähere Informationen: picha-hoeberth.com

Ilona Picha-Höberth

Am Spinnrad der Zeit

Feiertage und Feste,
Kulte, Riten,
Volksglaube und Brauchtum im Jahreskreis

creAstro Verlag

Besuchen Sie auch die Website «creastro.de»

Bibliografische Information der Deutschen Bibliothek: Die Deutsche Bibliothek verzeichnet diese Publikation in der Deutschen Nationalbibliografie; detaillierte bibliografische Daten sind im Internet über https://portal.dnb.de/opac.htm abrufbar.

Ilona Picha-Höberth
Am Spinnrad der Zeit
Wasserburg am Inn, creAstro-Verlag 2022
ISBN 978-3-939078-23-4

1. Auflage 2022
Umschlaggestaltung: Gerhard Höberth
printed in Germany

Inhaltsverzeichnis

Ein Wort zu Beginn

Unser Leben zieht oft an uns vorüber in kreisenden Schwingungen. Tag für Tag, Monat für Monat, Jahr für Jahr. Trotz Kalender und Uhren besitzen wir immer weniger Gefühl für Zeit. Wie oft bemerken wir nicht einmal, wie spät es ist? Wie oft sind wir davon überrascht, dass sich nach einem eben noch so heißen Sommertag plötzlich das Laub zu färben beginnt?

In den Hamsterrädern unseres Alltags, in der Gefangenschaft unserer Verpflichtungen, in der Hektik zwischen diesem und jenem sind wir zwar meist in Gedanken bei unseren übervollen Terminkalendern – aber selten bei dem, was Zeit wirklich bedeutet. Wir leben nicht mehr mit ihr; wir betrachten sie in der Regel sogar als unsere Feindin, als jemanden, der vor uns wegläuft oder uns unserer Lebensfrist beraubt.

Dabei ist Zeit genau jene Form, die unser Leben strukturiert. Sie gibt uns Halt und Sicherheit. Sie bindet uns ein in einen natürlichen Kreislauf. Sie lehrt uns über die wesentlichen Dinge des Lebens, nämlich, dass alles einem bestimmten, vorgegebenen Rhythmus folgt. Jede Phase unseres Seins hat ihre Zeit, so wie es bereits in den Weisheitsschriften des Alten Testamentes zu finden ist:

«Alles hat seine Zeit
Und jegliches Vornehmen
unter dem Himmel seine Stunde»[1]

Alles, was uns umgibt und alles, was wir sind, folgt den Prinzipien von Werden, Sein und Vergehen. Genau wie der Jahreslauf, so folgt auch unser Leben dieser vorgezeichneten Bahn. Unsere Vorfahren lebten in diesen immer wiederkehrenden Prozessen. Für sie war Zeit nicht nur die Benennung eines feststehenden Termins – sie war eine Phase, die den Abschluss einer alten und den Beginn einer neuen Epoche markierte und auch den Bereich dazwischen – die Phase des Übergangs. Zeit war etwas, das die Türen zu anderen Räumen öffnete oder schloss – je nachdem. Insofern hatte sie immer einen über die menschliche Existenz hinausweisenden Charakter.

Im Gegensatz zu uns, die wir aufgrund unserer technischen Überlegenheit dem – sich immer mehr

---

1 Altes Testament, Buch Koholet, Prediger Salomo (Ecclesiastes)

als Irrweg erweisenden – Glauben unterliegen, wir könnten uns über die Natur erheben, sahen sie sich als Teil des großen Ganzen. Aber bereits unsere Gegenwart bzw. nahe Zukunft wird zeigen, inwieweit wir fähig sind, diese Hybris zu überwinden und unser Wissen und unsere Technologien dafür einzusetzen, dass Leben für uns alle auf diesem Planeten möglich ist und bleibt. Natürlich gibt es keinen Weg zurück. Das zu glauben wäre nicht nur naiv, es würde auch all die positiven, innovativen technischen Entwicklungen und Fortschritte unseres Alltags negieren. Aber es gibt einen Weg der Verbindung, wir müssen ihn nur suchen. Die festlichen Höhepunkte des Jahreskreises erinnern uns nicht nur daran, dass alles irdische Sein endlich ist – sie erinnern uns vor allem daran, dass alles seine richtige und wichtige Zeit hat, die es zu nutzen und zu respektieren gilt und nicht zuletzt, dass es immer auch eine größere Dimension gibt, in deren Regelwerk wir eingebunden sind.

Unsere Ahnen stellten ihre Abhängigkeit von den Naturgewalten nicht in Frage. Sie waren angewiesen auf die vegetativen Kreisläufe und mussten sich – wenn sie überleben wollten – nach ihnen richten.

Deshalb suchten sie in ihren spirituellen Erklärungen die lebensnotwendigen Verhaltensweisen zu verankern und für die Allgemeinheit gültige und verständliche Ordnungen aus ihnen abzuleiten. Spirituelle Vorstellungen regelten als ethische und moralische Instanz auch das soziale Miteinander der Menschen. Ihre Glaubensvorstellungen, ihre Traditionen und rituellen Handlungen waren immer eingebunden in den Kreislauf der Natur und so waren auch ihre Götter immer GöttInnen der Vegetation. In ihnen spiegelte sich dieser sich auf immer und ewig wiederholende Kreislauf von Geburt, Werden und Tod. Das erklärt auch, warum so manche spirituelle Tradition, z.B. die der Tier- oder Menschenopfer, durchaus auch grausam und aus heutiger Sicht sinnlos erscheint und manche Glaubensüberzeugung auch getrost als überholter Aberglaube bewertet werden darf.

Es gibt heute unzählige, mitunter sehr frei erscheinende Interpretationen heidnischer Kulte und nicht jeder Versuch, einen christlichen Feiertag auf naturreligiöse Glaubensvorstellungen umzulegen, beruht auf zuverlässigen Quellen.

Viele der heute gängigen Deutungen müssen tatsächlich in den Bereichen der Folklore oder der neo-esoterischen Romantisierung angesiedelt werden.

Bereits 1997 schrieben Francoise Le Roux und Christian J. Guyonvarch[2]:

> *«Leider erklärt die Folklore nie die Mythologie, sondern vielmehr die Mythologie die Folklore».*

Eine weitere gefährliche Entwicklung mag der sich immer mehr verbreitende ideologische Missbrauch unserer mythologischen Wurzeln sein. Fehlinterpretiert und zweifelhaft ausgelegt, glauben inzwischen immer mehr faschistische Gruppierungen sich dadurch rassistische, völkische und nationalistische Neigungen rechtfertigen zu können. Für sie werden diese Grundlagen, auf denen sich Weltsichten immer weiter entwickelten und es auch künftig empirisch tun werden, zum Nährboden für Verschwörungstheorien und antidemokratische Haltungen.

Insofern erscheinen inzwischen viele der innerhalb esoterischer Weltsichten verbreiteten Ideologien oder abergläubischen Überzeugungen alles andere als harmlos. Wer sich ernsthaft mit dem Thema unserer heidnischen Verwurzelungen

---

2 Francoise Le Roux/Christian J. Guyonvarch „Die hohen Feste der Kelten» Arun Verlag, Uhlstädt, 1997

beschäftigen möchte, kommt um eine kritische und distanzierte Haltung nicht herum.

Die Wurzeln fast all unserer den kirchlichen Heiligen und/oder Märtyrern gewidmeten Festtage gründen zwar in den alten Mythologien, die in den Riten heidnischer Kulte lebendig wurden, dennoch können und dürfen wir einen notwendigen soziologischen Wandel nicht leugnen. Sich mit der Vergangenheit zu beschäftigen, die Lebensweisen und spirituellen Überzeugungen unserer Ahnen als Grundlage unseres Lebens zu begreifen, darf nicht zu ausgrenzenden und menschenverachtenden Ideologien und Selbstüberhöhungen führen.

Mit dem natürlichen Kreislauf des Jahres zu leben, ihn wieder anzuerkennen als innere, immerwährende Ordnung kann uns helfen, unseren Alltag wieder sinnvoller zu gestalten, uns einreihen in etwas Größeres und den höheren Sinn hinter den Dingen wieder wahrzunehmen.

Wer dem Jahreskreis folgt, erkennt, dass die zeitlichen Zuordnungen nie zufällig waren und es auch nach unserer jetzigen Weltsicht nicht sind. Während jedoch unsere Feiertage auf bestimmte Daten festgelegt sind, bezeichnen die heidnischen Feste meist einen ungefähren Zeitraum, also eine Folge von Tagen, oftmals Wochen, die sich auf bestimmte Entwicklungsstadien der Vegetation bezogen. Diese waren aufgrund von Natur- und Himmelsbeobachtungen immer an die Phasen des Mondes, dem Stand von Sonne und Planeten und dem natürlichen Kreislauf der Jahreszeiten angelehnt. Das erklärt auch die Unterschiede in den Weltsichten unserer Ahnen zu der heute üblichen, eher materialistisch begründeten, terminlich genau datierten Betrachtung der kalendarischen Festtage. Wir sehen heute darin eher eine Gelegenheit, unsere Arbeit ruhen zu lassen, uns von den Reglementierungen des Alltags zu befreien, über die Stränge zu schlagen und Geschenke zu machen oder zu erhalten. Feiertage dienen heute der Pflege unseres Egos. Und genau aus diesem Blickwinkel heraus betrachten wir auch die Feste unserer Vorfahren. Für unsere Ahnen – vor allem für die Kelten – waren diese Marker innerhalb des Jahreskreises jedoch bedeutende Phasen, in denen sich die Weltentore – die Sidhe – öffneten. Erst, wenn sie sich wieder schlossen, war dieser Zeitraum beendet. Deshalb konnten sie nicht ausschließlich irdisch bestimmt werden, sondern beinhalteten immer einen Bezug und eine Abhängigkeit zu bzw. von den kosmischen/jenseitigen/metaphysischen Welten.

Es ist schwierig, unter all den derzeitigen Deutungsversuchen, esoterischen oder neopaganistischen Auslegungen, Quellen ausfindig zu machen, die fundiert und verlässlich Auskunft über das Leben und die tatsächlichen Welterklärungsmodelle unserer Vorfahren geben. Dass es jedoch Vermischungen verschiedener Glaubensvorstellungen gibt, dass jede neue Religion immer auch Teile der alten spirituellen Lehren in sich birgt und sich Volks- und Aberglaube immer mit den anerkannten theologischen Sichtweisen verbunden haben und dadurch bis in unsere Jetztzeit erhalten blieben, ist unbestritten.

Deshalb gibt dieses Buch auch nicht vor, Antworten auf alle Zusammenhänge zwischen christlichen und heidnischen Festen geben zu können. Es soll vielmehr eine Anregung darstellen, die Rhythmen der Zeit und ihre – in sich logische – Einbindung in den Jahreskreis wieder mehr zu spüren und bewusster wahrzunehmen, denn:

Das Wissen um die Zeit
ist das Wissen um die Mysterien des Lebens.

1. Ende der Finsternis

1.1 Christliches Weltbild – Lichtmess

Vierzig Tage nach Weihnachten, am 2. Februar, feiern die Katholiken das Fest «Mariä Lichtmess». Seine Ursprünge findet diese zeitliche Berechnung in der alttestamentarischen Vorschrift, nach der eine Frau nach der Geburt eines Knaben vierzig Tage lang als kultisch unrein galt. Der Überlieferung nach begab sich Maria, zusammen mit Josef, in den Tempel nach Jerusalem, um sich durch das Opfer von Turteltauben auszulösen und um ihren Sohn Gott zu weihen, der als ihr Erstgeborener als dessen Eigentum galt.

Ein erster Bezug zur Bezeichnung Lichtmess findet sich in der Beschreibung des Evangelisten Lukas. Auf ihrem Weg in den Tempel begegneten Maria und Josef dem greisen Simeon, dem durch den Heiligen Geist einst offenbart wurde, er werde den Tod nicht schauen, ehe er nicht den Messias des Herrn gesehen hätte. Als er das Jesuskind erblickte, bezeichnete er es als «Licht, das die Heiden erleuchtet.»

Heute markiert Mariä Lichtmess oder das «Fest der Darstellung Jesu im Tempel», wie dieser Tag auch genannt wird, das Ende der Weihnachtszeit. So blieben in früherer Zeit auch die Krippen und die Weihnachtsbäume bis zu diesem Tag in den Wohnstuben der Menschen. Erst jetzt durften Zuckerkringel und Lebkuchen vom Baum genascht werden. Selbstgebastelte Strohsterne oder Schmuck, der nicht zum Verzehr geeignet war, wurde nun «abgeblümelt». Vorher wurden – ein letztes Mal – die Kerzen entbrannt. Eine jedoch musste aufbewahrt werden, an ihr wurden die Lichter für den Christbaum der kommenden Weihnacht entzündet.

Das Weihen von Kerzen, die für die Messen des bevorstehenden Kirchenjahres benötigt werden, wird bis heute an Mariä Lichtmess zelebriert. Den Gläubigen versprach das heruntertropfende Wachs der an Holzbalken befestigten Kerzen, einen besonderen Segen.

In vielen Gegenden war und ist es bis heute Brauch, den «Blasiussegen», der zum Schutz vor Halskrankheiten und verschluckten Fischgräten gegeben wird, bereits anlässlich der Messe zum

«Festes der Darstellung des Herren» zu erteilen. Das Namensfest des Heiligen wird am 3. Februar gefeiert und geht der Legende nach auf den in Kleinasien tätigen Bischof Blasius von Sebaste zurück, der einem Jungen das Leben rettete, der an einer Fischgräte zu ersticken drohte.

1.2 Volksglaube

Das meiste Brauchtum, das mit Mariä Lichtmess verbunden wird, finden wir im bäuerlichen Lebenskreis.

Die Sonne gewinnt jetzt sichtlich an Licht und Kraft. Im Vergleich zur Wintersonnwende dauert der Tag – je nach Breitengrad – nun bereits bis zu eineinhalb Stunden länger.

Für die Menschen früherer Zeit, die bei ihren alltäglichen Verrichtungen fast ausschließlich auf die natürlichen Lichtquellen angewiesen waren, bedeutete dies, dass sie nun ihr Abendmahl wieder bei Tageslicht einnehmen konnten. Aber nicht nur das. Der zunehmende Tag ermöglichte auch ein längeres Arbeiten auf den Höfen und Feldern. Deshalb wurde mit Beginn des neuen Bauernjahres auch das Spinnen in den Stuben eingestellt, nachdem es seit Martini (11. November) bzw. St. Kathrein (25. November) – mit Ausnahme der Raunächte – fast drei Monate lang den Hauptteil der weiblichen Arbeiten auf den Höfen bestimmte.

Lichtmess war ein wichtiger Zeitpunkt für den nahenden Beginn des Frühlings. Deshalb wurden mitunter auch die Schneeglöckchen als erste Boten dieser Jahreszeit als «Lichtmessglöckchen» bezeichnet.

In katholischen Gegenden war Mariä Lichtmess bis 1912 ein offizieller Feiertag. Er wird in bayerischen Wörterbüchern heute noch als «Schlenkertag» bezeichnet.

Jetzt konnten Mägde und Knechte ihre Dienstherren wechseln und auch die Bauern entschieden nun, ob sie ihre Bediensteten oder das «Gscher»[3] für ein weiteres Jahr beschäftigen. Derartige Verträge wurden durch Handschlag geschlossen. An Lichtmess wurde auch der Lohn, für die geleistete Arbeit des zurückliegenden Jahres ausbezahlt.

---

3 Heute wird der Begriff «Gscher» hauptsächlich als mundartliches Synonym für Umstände oder Schwierigkeiten verwendet. Seiner ursprünglichen Bedeutung nach verweist er jedoch vermutlich auf die Bezeichnung von «geschoren» zurück. Dem Haupthaar beraubt wurden vor allem Gesetzesbrecher, Ehrlose und all jene, denen man ihre Menschenrechte bzw. -würde absprach. Da man in früheren Zeiten Dienstboten i.d.R. als Leibeigene betrachtete, erscheint diese Ableitung durchaus sinnvoll. Verschiedene Etymologen entdecken hier auch eine Wortverwandtschaft zum Begriff «Geschirr», also ein Werkzeug oder Gerät, das der Arbeit dient.

Für das Dienstvolk gab es einige Tage frei. Zwischen Lichtmess am 2. Februar und St. Agathe am 5. Februar wurden Märkte abgehalten, auf denen nicht nur das hart verdiente Geld leicht ausgegeben wurde, sondern auch das übers Jahr gesparte «Körberlgeld» oder die sog. «Schwenzelpfennige». Die freien Tage wurden auch gerne für Hochzeiten genutzt.

Wer jedoch den Dienstvertrag aufgelöst hatte, wurde in der Regel vom Bauern erst am letzten Tag freigestellt. Ihm oder ihr stand eine «Schinderwoche» bevor. Bis zum Arbeitsantritt beim neuen Brotherren waren ausscheidende Knechte und Mägde dazu verdonnert, alle unliebsamen Arbeiten am Hof zu tun, die über den Winter liegengeblieben waren.

Als wichtiger Lostag findet Lichtmess auch in vielen Wetter- und Bauernregeln eine Erwähnung:

«Lichtmess im Klee – Ostern im Schnee»

«Scheint zu Lichtmess die Sonne heiß,
gibt sich noch viel Schnee und Eis.»

«Wenn es an Lichtmess stürmt und schneit,
ist der Frühling nicht mehr weit.»

«Lichtmess trüb – dem Bauern lieb.»

1.3 Heidnische Wurzeln

Lichterprozessionen zur Zeit des endenden Winters wurden bereits bei den alten Römer vollzogen und auch aus Gallien sind derartige Umzüge überliefert.

Ein weiteres Brauchtum, das sich in alpenländlichen Gegenden erhalten hat, aber ebenfalls auf heidnische Wurzeln verweist, ist das Aperschnalzen. «Aper» lautet der mundartliche Begriff für «schneefrei». Das laute Knallen mit «Goaßln» (Peitschen), sollte die Geister der dunklen Zeit vertreiben und die Natur aus ihrem Winterschlaf rufen.

Im keltischen Jahreskreis wird *Imbolc* als das erste Fest des Frühlings bezeichnet. Laut Überlieferung kannten die Kelten jedoch kein Wort für den Begriff «Fest». Sie verstanden derartige Ereignisse immer als Phasen innerhalb des Jahreslaufes. Die Rituale und traditionellen Zeremonien erstreckten sich deshalb auch immer über einen Abschnitt von mehreren Tagen bzw. richteten sich nach dem Lauf von Himmelslichtern und Gestirnen. Während die Germanen sich hierbei mehr nach dem Sonnenstand orientierten, legten die

Kelten ihre Feierlichkeiten im Jahreslauf nach den Mondphasen.

Zeitliche Verschiebungen mag es daher allein schon aufgrund unterschiedlicher Berechnungsmethoden geben. Während die Christen ihr Fest der Lichtmess 40 Tage nach Weihnachten festlegten, feierten die Kelten *Imbolc* am zweiten Vollmond nach der Wintersonnwende. Manche Quellen berichten jedoch auch von der zweiten zunehmenden Mondphase. Rechnerisch einleuchtend erscheint jedoch genau der Zeitpunkt zwischen Wintersonnwende und Frühlings-Tagundnachtgleiche. Neoheidnische Bewegungen haben sich heute meist auf den 1. Februar geeinigt.

Etymologen, Religionswissenschaftler und Keltologen, wie z.B. Le Roux und Guyonvarch[4] sind sich darin einig, dass es sich bei *Imbolc* um ein Fest der Lustration, der rituellen Reinigung, handelte, die dazu diente die Härte des Winters abzustreifen.

In der Fülle der heutigen Informationen gibt es verhältnismäßig wenig historische Überlieferungen, die verlässliche Aussagen zulassen. Nach

---

4 Le Roux/Guyonarch: «Die hohen Feste der Kelten», Arun Verlag 1997

Meinung einiger Etymologen hat *Imbolc* eine eher geringe Bedeutung im keltischen Jahreskreis. Dennoch soll es kein ausschließliches Fest der Bauern gewesen sein, da keltische Feste – gerade in den fünf irischen Königreichen – im Grunde nie auf bestimmte Personengruppen beschränkt waren. Es mag also ein generelles Fest des Frühlings und des Lichtes gewesen sein.

Manche Quellen beziehen sich auf die Wurzeln in einem weiteren Namen, unter dem *Imbolc* bekannt ist, nämlich: *Oimelc*. Dieser bezeichnet den Zeitpunkt, ab dem Mutterschafe, die bald ihre Frühjahrslämmer gebären, wieder Milch geben. Hiervon mag sich auch der Brauch ableiten, dass die Hausfrauen eine Woche vor dem Fest täglich ein klein wenig Milch beiseitestellten, die sie am Vorabend zu *Imbolc* zu Butter schlugen. Obwohl die Milch in dieser Jahreszeit eher knapp war, herrschte die einhellige Überzeugung, dass ein Fest zu *Imbolc* ohne Butter auf dem Tisch auf ein mageres Jahr hinweise.

Als weitere Vorbereitungen für die rituellen Handlungen galten, neben der Herstellung von Butter, auch das gründliche Reinigen von Haus und Hof – das sich bei uns als traditioneller Frühjahrsputz bewahrt hat, das Entfachen eines stattlichen Feuers und die Herstellung einer Strohpuppe, die mit Kleidungsstücken umwickelt war.

Mythologisch gesehen mag es unbestritten sein, dass dieses Fest zum Beginn des Jahreskreises der Göttin *Brigid* geweiht war. Sie, die u.a. auch unter den Namen *Boand*, *Etain* oder *Dana* verehrt wurde, ist nicht nur die Schutzpatronin Irlands, sie gilt als Mutter aller Götter.

Der Name der *Brigid* weist auf die Stammgottheit der altkeltischen Briganten zurück und bedeutet übersetzt «die Helle» oder auch «die Streiterin». Darin ist wohl auch ein Bezug zur alpenländischen *Percht* (die Glänzende) oder der nordischen *Hel* (die Strahlende) zu sehen. So war *Brigid* eine Göttin des Frühlings und des Lichtes. Sie herrschte über das Feuer – vor allem, so wie auch die römische *Juno*, über das häusliche Herdfeuer und hielt es am Leben. Deshalb wurde sie u.a. als Schutzheilige der Schmiedekunst verehrt. *Brigid* war aber auch Hüterin der Schwangeren, der Dichter, Poeten und Heiler. Sie bewachte die Frauen in entscheidenden Phasen ihres Lebens, war der Legende nach bei allen Geburten anwesend und segnete das Werkzeug der Hebammen. An manchen Wiegen von Neugeborenen hängen heute noch gekreuzte Vogelbeerzweige, um die Göttin zum Schutz des Kindes herbeizurufen.

Als Aspekt der dreifachen Göttin übernimmt sie nach der Herrschaft der Wintergöttin, die seit *Samain* regierte, den Zauberstab. Sie erweckt das Feuer des Lebens und zeigt mit dem ersten Schneeglöckchen, dass es Frühling wird.

An *Imbolc* verlässt einem alten Brauch zufolge der Hausherr die Stube mit dem Auftrag, «die *Brigid* zu holen». Bei seiner Rückkehr trägt er, nach einer Bitte um Einlass, der eine genau festgelegte Reihe von Fragen und Antworten folgt, eine Strohpuppe über alle Schwellen, die ins Haus führen. Überliefert ist auch der Brauch der Mantelzeremonie. Ein *Brat* (Kleidungsstück) wird über Nacht draußen gelassen, da es dem Glauben nach am Morgen mit einem Schutzzauber der *Hl. Brigid* belegt sei.

In alten Zeiten wurden mancherorts die Hausecken mit dem Blut geschlachteter Hühner besprenkelt und das Vieh im Stall «gebunden». Nach dieser Tradition wurde jedem Tier eine Halsbinde aus geflochtenem Stroh um den Hals gelegt, durch die es in den kommenden zwölf Monaten vor Krankheit und Unheil geschützt war.

Das Flechten und Binden von Strohkränzen und -kreuzen spielte an *Imbolc* eine besondere Rolle. In ihnen wurde die *Hl. Brigid* verehrt und ihr Schutz herbeigerufen. Besonders das *Brigid*-Kreuz sollte Vieh und Ernte sowie Schwangere und Kinder behüten.

In der Darstellung des Kreuzes mag sich bereits ein Einfluss christlicher Religionen zeigen. Neue religiöse Lehren ersetzten die heidnischen Bräuche keineswegs. Das Volk behielt seinen Anteil an der Mitgestaltung und Mitwirkung spiritueller Handlungen und es hielt an alten Glaubenssätzen und Vorstellungen fest, indem es entsprechende Verbindung schuf und alte Traditionen in neue religiöse Handlungen einfliessen ließ. So blieben die Riten der Ahnen in den Zeremonien der kirchlichen Messen erhalten oder wurden im Lauf der Zeit nach und nach integriert. Die Kirche selbst ließ die aus dem Volksglauben erhaltenen Traditionen gewähren oder begründete sie mit entsprechenden Heiligenlegenden.

2. Grenzen überschreiten

2.1 Fasching / Fastnacht / Karneval

Diese heute oft als fünfte Jahreszeit bezeichnete Phase darf in der Zeit des beginnenden Jahres nicht unerwähnt bleiben.

Astrologisch betrachtet ist nun die Zeit des Wassermanns. Diesem Zeichen sind Attribute, wie Individualität, Innovation, Anarchie und Revolution zugeteilt. Die seinem Herrscherplanet entsprechende uranische Energie hält sich nicht gerne an Regeln, sie lässt sich nicht ein auf fixe Versprechungen und moralische Verpflichtungen. Ihr Ansinnen ist es, alte Zöpfen abzuschneiden, bestehende Ordnungen zu zerstören und sich von Anpassungszwängen zu befreien. Sie möchte Grenzen überschreiten und neue Ziele verfolgen. Dabei greift sie gern zu unkonventionellen Mitteln. Uranus will überraschen und «verrückt» die Dinge gerne von ihren angestammten Plätzen. Es ist die Energie des Narren, die der Welt einen Spiegel vorhält. Sie schlägt den Herrschern die Kronen von den Häuptern und schert sich wenig um selbstgeschaffene Hierarchien – im Gegenteil, sie sieht ihre Aufgabe eher darin, sie zu stören oder gar zu stürzen.

In unserer christlichen Kultur dient diese Zeit der Vorbereitung auf die vierzigtägige Fastenzeit vor dem Osterfest. Beginnend am Epiphanietag, an Hl. Drei Könige, nachdem auch das Tanzen wieder erlaubt ist, endet sie mit dem Aschermittwoch. Somit ist ihre Dauer variabel und immer von der Datierung des Osterfestes bzw. dem Frühlingsvollmond abhängig. Vor der Fastenzeit wird noch einmal ausgelassen gefeiert, getrunken und gegessen. Die Grenzen zwischen Obrigkeit und Volk lösen sich auf, es herrscht Narrenfreiheit. Der Begriff Karneval ist abgeleitet vom lateinischen «carne vale» und bedeutet «Fleisch lebe wohl».[5] Bereits im mittelalterlichen Europa feierte man zwischen dem 12. und dem 16. Jahrhundert sogenannte «Narrenfeste», bei denen kirchliche Rituale parodiert wurden.

Vermutlich mag darin auch die Herkunft des «Weiberfaschings» begründet liegen. In Zeiten des

---

[5] Der deutsche Dichter und Philologe Karl Simrock vertrat im 19. Jahrhundert die, inzwischen widerlegte, These, dass der Begriff auf den lateinischen Ausdruck «carrus navalis» (= Schiffskarren) zurück gehe, aus dem sich die Tradition des Narrenschiffes herleite.

herrschenden Patriarchats war es den Frauen nur zu diesen besonderen Zeiten erlaubt, sich ungestraft gegen die männliche Obrigkeit aufzulehnen.

In der Neuzeit veränderte sich der Charakter dieser volksfestähnlichen Feierlichkeiten. In protestantischen Gegenden fast in Vergessenheit geraten, feierte der Adel in der Zeit des Barock und des Rokokos zurückgezogen auf Schlössern und Herrensitzen und lehnte sich in der Wahl ihrer Masken vor allem der italienischen Commedia del'arte an.

2.2 Mythologischer Hintergrund

Die Wurzeln dieser Festivitäten sind bereits vor 5000 Jahren in Mesopotamien zu finden. Auch altbabylonische Schriften berichten davon, dass in dieser Zeit der Sklave dem Herrn gleichgestellt ist, das Mächtige und das Niedere gleichgeachtet. Im alten Ägypten feierte man dieses Fest zu Ehren der Göttin *Isis* und im antiken Griechenland, um Achtung gegenüber *Dionysos*, dem Gott des Weins, des Wahnsinns und der Ekstase, auszudrücken. Die Römer kannten ihre *Saturnalien*, die nach dem Gott und Herrscher der Zeit benannt waren. Auch hier tauschten Sklaven und Herrscher ihre Rollen, feierten gemeinsam myrtenbekränzt an reich gedeckten Tafeln und kein Wort, das gesprochen wurde, zog eine Strafe nach sich.

Auf lange und eigene Traditionen blicken Karnevalsumzüge in aller Welt heute zurück – von Venedig, über Rio de Janeiro bis zum Mardi Gras in New Orleans.

Auch, wenn derzeitige Forschungen die Herkunft unserer Faschingsbräuche in den römischen Saturnalien anzweifeln, liegt ihre Ähnlichkeit doch in der Verkehrung der Hierarchien begründet.

Menschen nutzten die Zeit des endenden Winters gerne, um über die Stränge zu schlagen und sich gegen Härte und Bitterkeit zu wehren. Die natürlichen Gegebenheiten der kalten Jahreszeit verlangten Anpassung und die Zurücknahme individueller Bedürfnisse. Jetzt versuchte man die Wintergeister durch lautes Lärmen und Toben, durch Rasseln und Ratschen zu vertreiben, und nutzte Masken und Kostüme, um sich durch Unkenntlichkeit etwaigen Strafen zu entziehen.

3. Aufbruch und Neubeginn

3.1 Frühlings-Tagundnachtgleiche

Das Frühlingsäquinoktium (Tagundnachtgleiche) bezeichnet genau jenen Moment, in dem die Sonne den Himmelsäquator aufsteigend überschreitet. Der lichte Tag und die dunkle Nacht dauern jetzt genau gleich lang.

Der Beginn des astronomischen Frühlings liegt zwischen dem 19. und 21. März. Auch astrologisch betrachtet beginnt jetzt, mit dem Sonneningress in das Tierkreiszeichen des Widders, der neue Jahreslauf. Archetypisch werden mit diesem Zeichen Attribute wie Impulsivität, Aufbruchsstimmung, Durchsetzungsfähigkeit, Kampfgeist und Entfaltung verbunden. Mit gesengtem Kopf drängt der Widder nach vorne und überwindet alle Widerstände. Ihn kümmert nicht, was hinter ihm liegt, seine Devise lautet: «Nach vorne!» Diesem kardinalen Zeichen sind die Prozesse des Neubeginns und der Eroberung zugeordnet.

Astrologische Entsprechungen entwickelten sich seit der Zeit der Babylonier aufgrund empirischer Beobachtungen der Planetenbahnen in Zusammenhang mit den vegetativen Kreisläufen.

Jetzt drängt alles in der Natur ans Licht. Alles will leben. Gräser und Blätter sprießen, Hasen, Lämmer und Ziegen werden geboren und die Menschen verlassen ihre Hütten und Häuser und verlagern ihre Aktivitäten wieder nach draußen, indem sie die Felder bestellen und die Saat ausbringen. Die Zeit der Übergänge, der Dunkelheit, liegt endgültig hinter ihnen. Auch wenn wir heute weitgehend von natürlichen Licht- und Wärmequellen unabhängig scheinen, hat der zunehmende Tag dennoch Auswirkung auf unsere Psychen und unsere Vitalkräfte.

Die Feste, die jetzt gefeiert werden, zelebrieren dieses Wiedererwachen der Natur, die Wiedergeburt allen Seins. Deshalb mag auch das Osterfest, an der die Auferstehung Jesu gefeiert wird, in diesen Zyklus fallen.

3.2 Christliches Weltbild – Ostern

Das Osterfest (lat. *pascha* / hebr. *pessach*) gilt als das höchste christliche Fest im kirchlichen Jahr – es steht demnach sogar über dem Weihnachtsfest.

Obwohl es eindeutig ein Frühlingsfest ist, fällt es nicht generell auf die Tagundnachtgleiche. Seine Datierung richtet sich laut den Regeln des Konzils von Nicäa im Jahre 324 n. Chr.[6] nach dem ersten Sonntag, der dem ersten Vollmond nach Frühlingsbeginn folgt. In Ausnahmefällen kann es dazu kommen, dass beide Ereignisse auf denselben Zeitpunkt fallen. Bestimmend für die Festlegung von Ostern ist, nach unserer heutigen Kalenderrechnung, der erste Vollmond, *nachdem* die Sonne den Frühlingspunkt passierte.

Gläubige in aller Welt feiern Ostern als das Fest der Hoffnung. Christus ist auferstanden. Er hat über den Tod gesiegt und wird damit zum Hoffnungsbild der Menschen auf das ewige Leben. Dem hohen Fest vorangegangen ist eine Zeit des streng-

---

6 Kaiser Konstantin I berief dieses Konzil bei Byzantion, dem heutigen Iznik in der Türkei ein, um eine Kirchenkrise zu lösen. Es gilt als die erste ökumenische Debatte der frühen christlichen Kirche.

gen Fastens, die besonders in der Karwoche[7] noch einmal weitere Einschränkungen mit sich brachte.

Bereits am Gründonnerstag beginnen die Feierlichkeiten mit der Erinnerung an das letzte Abendmahl Jesu, das er gemeinsam mit seinen Jüngern am Vorabend seiner Kreuzigung zu sich nahm. Für gläubige Christen symbolisiert dies den Beginn eines Neuen Bundes zwischen Gott und den Menschen mit Jesus als Mittler. In Erinnerung daran entstand in den kirchlichen Messen das Ritual der Eucharistie[8], in dem durch die Hostie an das gemeinsam eingenommene Mahl erinnert und das Sterben und die Auferstehung Jesus Christi verkündigt wird.

Traditionell werden am Vorabend des Gründonnertages die heiligen Öle für Priesterweihen, Taufen, Firmungen und Krankensalbungen geweiht.

In der Gründonnerstagsmesse waschen Priester, Bischöfe und auch der Papst als Symbol der tätigen Nächstenliebe jeweils zwölf auserwählten

---

[7] «kara» oder «chara» aus dem althochdeutschen *Trauer* oder *Wehklage*.

[8] Die Eucharistie (= Danksagung) wird auch als Kommunion bezeichnet und gilt als das allerheiligste Sakrament des Altars.

Personen die Füße. Im Anschluss an die Messe werden als Zeichen der Trauer alle Decken und jeglicher Schmuck vom Altar entfernt. Jetzt verstummen die Glocken bis zur Osternacht.

Der darauffolgende Karfreitag gilt als stiller Feiertag, an welchem dem Leidensweg und der Kreuzigung Jesus gedacht wird. Traditionell sind nun alle Veranstaltungen wie Messen und Märkte eingestellt und es gilt – immer noch – ein strenges Tanzverbot.

Auch der Karsamstag ist ein Tag der Stille und der Besinnung. Da keine Kirchenglocken läuten und keine Messen gehalten werden, gehen Kinder mit Ratschen und Klappern durch Straßen und Gassen, um die Gläubigen an die Gebetszeiten zu erinnern.

Erst der Sonntag gilt als das eigentliche Fest der Auferstehung Christi. Nach einer Feier durch die Osternacht gilt das Triduum Sacrum (die heiligen drei Tage) als beendet.

Die Legende berichtet, dass Christus am dritten Tag seiner Kreuzigung von den Toten erweckt wurde und seinen Jüngern in leiblicher Gestalt erschien.

3.3 Volksglaube und mythologischer Hintergrund

Unter den vielfältigen Traditionen aus dem Volksglauben, die sich um die Frühlingsfeste ranken, findet heute wohl der Brauch des Eierfärbens die weiteste Verbreitung. Tatsächlich gibt es einige Auslegungen der kirchlichen Sichtweise, welche eine christliche Symbolik zu erklären suchen. Demnach sei das Ei ein Sinnbild für die Auferstehung Christi und – vor allem – für die Unbefleckte Empfängnis Marias. Ursprünglich nur rot gefärbt, sollte es an das Blut erinnern, das Jesus bei seinem Martyrium vergossen hat.

Unbestritten scheint jedoch die auf weit ältere Weltbilder verweisende Bedeutung des Eis als Sinnbild der Fruchtbarkeit und des ewigen Kreislaufs des Lebens. Es gilt, ähnlich wie der Baum, als eines der bekanntesten ubiquitären Symbole der Menschheit. Nahezu alle Kulturen sahen in ihm ein Weltenei, aus dem einst alles Leben entstand. In zahlreichen Mythen wird es als Sinnbild der Schöpfung beschrieben. Der indische Gott Brahma, der Weltenschöpfer, war es nach der Glaubensvorstellung der Hindus, der aus einem Ei die Welt der Götter und die der Menschen schuf. Chinesische

Quellen berichten, dass der Himmel aus einem Eidotter und die Erde aus dem Eiweiß entstand. In japanischen Glaubenslehren entspross die Welt aus dem vorherrschenden Chaos in Gestalt eines Eies. Und auch in der Weltsicht der alten Ägypter herrschte ein urzeitliches Chaos und erst der aus einem Ei geborene Sonnengott erschuf diese Welt.

Es wundert also nicht, dass das Ei eine wichtige Bedeutung hat und seit jeher fester Bestandteil von Initiationen, Fruchtbarkeitsfesten oder Ackerbauriten war. So wurden auch dem sog. «Karfreitagsei» besondere magische Kräfte nachgesagt. Es sollte der Volkssage nach nicht nur Haus und Hof schützen, sondern, unter einem Hang vergraben, auch das Abrutschen desselben verhindern. Um eine gute Ernte zu erbitten, wurde das Karfreitagsei um Felder und Äcker getragen und Teile der Schale vergraben oder dem Futter des Viehs hinzugegeben, um es vor Krankheit zu schützen. Dies erscheint aufgrund des Kalkgehaltes durchaus sinnvoll.

Ein Karfreitagskuchen mit Eiern gebacken, die am selben Tag gelegt waren, und der am Ostermorgen verzehrt wurde, versprach die Steigerung der Liebeskräfte. Nach der langen Fastenzeit, die für viele Christen Ostern voranging, mag dies aber auch durchaus eine sehr willkommene und notwendige Stärkung gewesen sein.

Damit Schulkinder besser lesen und schreiben lernten, gab man ihnen in Frankreich einen Zettel, beschriftet mit dem Alphabet, unter ein am Karfreitag gelegtes Ei gerührt, zum Essen.

Aus einigen Gebieten Österreichs ist der Begriff der «Gründonnerstagseier» oder «Antlasseier» überliefert. Rot gefärbte Antlass- oder Ablasseier sollten von den Schulden befreien, die man dem Bauern oder Grundstückseigner gegenüber hatte und die nach altem Brauch an diesem Tag zu entrichten waren.

Diese Gründonnerstagseier galten aber auch als besonders glücks- und heilversprechend. Besondere Verwendung fanden sie auch für die Segnung von Nahrungsmitteln (Speisenweihe).

Wichtig zu erwähnen ist auch die Tradition, am Gründonnerstag grüne Speisen zu sich zu nehmen. Die «grüne Suppe», die verschiedenen Quellen nach, bereits bei den alten Germanen bekannt war, enthielt sieben heilende Kräuter, wie z.B. Borretsch, Kerbel, Sauerampfer, Schnittlauch, Melisse, Brennnessel und Petersilie. Nach der vitamin- und mineralstoffarmen Zeit des Winters reinigen die frischen Kräuter den Körper und wecken die Vitalkräfte.

Diese gesunde Speise blieb im Volk erhalten, weshalb auch das christliche Weltbild hierfür eine eigene Erklärung fand: Die grüne Suppe wurde als Fastenspeise bezeichnet und die teils bitter schmeckenden Kräuter sollten an das Martyrium Jesus auf seinem Kreuzweg erinnern. Heute wird die grüne Suppe oder Soße oft durch Spinat und Spiegelei ersetzt, da dem Volksglauben nach grünes Essen am Gründonnerstag Glück und Gesundheit verheißt.

Inwieweit die heute den Farben der Ostereier zugewiesenen Bedeutungen auf etymologischen oder mythologischen Quellen beruhen, ist schwer zu sagen. Neueren Berichten zufolge werden die unterschiedlichen Färbungen mit entsprechenden Eigenschaften in Verbindung gebracht:

- Rot = Liebe, Leidenschaft und Lebendigkeit
- Blau = Treue, Wahrheit und Gelassenheit
- Grün = Hoffnung und Vitalität
- Lila = Wohlstand und Reichtum

Bodenständigere Zeitgenossen führen das Färben der Eier auf eine sehr pragmatische Erklärung zurück. Da die Hennen im Frühjahr mehr Eier legen, mussten sie gekocht werden, um sie länger haltbar zu machen. Die Färbung erleichterte die Unterscheidung von den rohen Eiern.

Dass wir Ostereier bis heute verstecken, liegt übrigens an einem kirchlichen Verbot. Die Tradition des Eierverschenkens geht auf heidnische Bräuche zurück, die der Kirche missfielen und deshalb von ihr untersagt wurden. Das «störrische» Volk aber, das auf diese Tradition nicht verzichten wollte, verschenkte von nun an die Eier heimlich.

Auch die Herkunft des Hasen, als wohl typischsten Vertreter des Osterfestes, gründet mit Sicherheit nicht ausschließlich auf den Wurzeln christlicher Glaubenslehren – auch wenn er lt. byzantinischer Tiersymbolik ein Sinnbild Jesus sein sollte. Vielmehr steht er doch als Symbol für Fruchtbarkeit und Lendenkraft. Er ist eines der ersten Tiere, die im Frühling ihren Nachwuchs bekommen und mit bis zu 20 Jungen im Jahr ist er auch eines der gebärfreudigsten. Kein Wunder also, dass er sich im Volksglauben als Frühjahrsbote einen Namen machte und wir deshalb – auch wenn wir das

Wissen um seine ursprüngliche Bedeutung verloren haben – unseren Kindern so gerne noch die Mär vom Osterhasen erzählen, der bunte Eier – nicht nur als Zeichen von Fruchtbarkeit und Vitalität bringt, sondern auch als wichtige Stärkung nach der Fastenzeit bzw. den nahrungsarmen Wintermonaten.

In vielen Mythen wird der Hase auch als Mondtier bezeichnet, weil man im Frühlingszeitraum im Vollmond einen liegenden Hasen zu erkennen glaubte. Er gilt nicht nur deshalb als Avatar bzw. Begleittier der Großen Muttergöttin. Ein afrikanisches Märchen berichtet darüber, dass er einst von der Mondin auf die Erde geschickt wurde, um ihre Botschaften an die Menschen zu überbringen. Allerdings habe er diesen Auftrag nur sehr oberflächlich und fehlerhaft erfüllt, weshalb sie ihm zur Strafe mit einem Holzscheit auf die Nase schlug, die seither gespalten ist.

Ein weiteres wichtiges Symboltier der Osterzeit ist das Lamm. Seit der ältesten Zeit im Christentum wird das «Agnus Dei» (Lamm Gottes) als Symbol für Jesus Christus gesehen. Diese Vorstellung bezieht sich auf das Lamm als Opfertier im Alten Testament. Gott hat seinen eigenen Sohn zur

Rettung der Menschheit geopfert. Laut altem Testament sei das Blut geschlachteter Lämmer in der Nacht des Auszugs der Israeliten aus Ägypten auf Gottes Gebot hin als Schutzzeichen vor der zehnten Plage[9] an die Türpfosten gestrichen worden. Dargestellt als Osterlamm wird es mit einer Siegesfahne zum Symbol für die Auferstehung Jesus und seinen Sieg über den Tod.

Aber bereits in vorchristlicher Zeit galt das Lamm bzw. seine erwachsene Form des gehörnten Bockes als beliebtes Opfertier. Es wurde auf den Altären der Erdgöttinnen geschlachtet, um Fruchtbarkeit und gutes Wetter zu erbitten. Mundanastrologische Quellen sehen darin die Phase des Übergangs vom Widder- zum Fischezeitalter, die zeitlich dem Übergang heidnischer Naturreligionen zu den monotheistischen Religionen, wie z.B. dem Christentum, entspricht.[10]

---

9 Die «biblischen Plagen» bezeichnet eine Reihe von Unglücken und Katastrophen, die über das Land Ägypten hereinbrachen. Die zehnte Plage betraf den Tod aller Erstgeborenen.

10 Ein astrologisches Zeitalter entspricht in etwa einem Zeitraum von 2.160 Jahren – in der mundanstrologischen Betrachtung entspricht dies einer jeweils abgeschlossenen Entwicklung einer Kulturepoche.

Manche Mythenforscher finden die symbolischen Wurzeln für die Opferung des Gottessohnes, also der Kreuzigung Jesus, in älteren Überlieferungen. So z.B. im germanischen Mythos des Odin, der neun Tage kopfüber an einer Weltenesche hing.

Weitere, zum Glück weitaus weniger blutige Osterbräuche haben sich bis in unsere Zeit erhalten. So gründen auch die Osterfeuer, welche an die Auferstehung erinnern sollten, in den rituellen Frühlingsfeuern unserer heidnischen Ahnen.

Und auch der Brauch des Osterwasserschöpfens geht auf alte Riten zurück. Es wird in der Nacht von Karsamstag auf Ostersonntag aus Bächen und Quellen geschöpft und schweigend nach Hause getragen. Ein ganzes Jahr lang soll es heilend bei Augenleiden, Ausschlag und andere Krankheiten wirken und darüber hinaus ewige Jugend und Schönheit bescheren. Kinder, mit Osterwasser getauft, galten als besonders intelligent und mit vielen Talenten gesegnet.

3.4 Heidnische Wurzeln

Wie schon die Vermischung von religiösen Lehren mit dem Volksglauben zeigt, ist die heidnische Verwurzelung dieses Frühlingsfestes unleugbar. Viele Rituale und Bräuche weisen auf alte Kulte hin, die nicht erst mit dem Christentum entstanden sein dürfen.

Die Herkunft der Bezeichnung Ostern ist umstritten. Lange Zeit galt der von Jacob Grimm durch einen philologischen Vergleich hergeleitete Name einer vermuteten germanischen Frühlingsgöttin *Ostara* als ursprünglich. Grimm bezog sich dabei auf die Erklärung des angelsächsischen Mönches und Kirchenhistorikers Beda[11].

Inzwischen ist diese These in der Fachwissenschaft weitgehend widerlegt, auch wenn *Ostara* in neoheidnischen Kreisen immer noch als die namensgebende Göttin des Frühlings bezeichnet wird. Ihr zu Ehren sollen zur Tagundnachtgleiche Sonnenfeste zelebriert worden sein, um das Gleichgewicht der Natur zu würdigen. Unbelegten

---

[11] Beda (= der *Ehrwürdige*) Venerabilis, Benediktinermönch, Theologe und Geschichtsschreiber lebte im 7. bzw. 8 Jahrhundert in England.

Berichten zufolge feierte man jetzt die Überwindung der Dunkelheit, weshalb diese Zeit in esoterischen Kreisen gerne für Rituale der persönlichen Wunscherfüllung genutzt wird. Auch, wenn dies die eine oder andere psychologische Wirkung zeigen mag, darf am spirituellen Ursprung und Charakter dieser Herleitung durchaus gezweifelt werden.

Aktuelle etymologische Quellen sprechen von einer Verwandtschaft der Bezeichnung Ostern zu dem gallo-fränkischen *Austro* oder *Ausro* oder dem althochdeutschen *Astara* als Bezeichnung für die Morgenröte. Eine denkbare ursprüngliche Verbindung mag jedoch auch im Namen der altsemitischen Liebes- und Himmelsgöttin *Astarte* zu suchen sein. Sie wird dem Mythos nach mit der Liebesgöttin *Aphrodite* verglichen, auch sie wurde im Morgenstern verehrt.

Die angeblich keltische Bezeichnung des Festes als *Alban Eiler* (=Licht über dem Land) ist erst durch neoheidnische Quellen bekannt, genauso wie die Benennung des «Keltischen Jahreskreises»[12].

---

[12] Viele der heute als keltische Jahreskreisfeste aufgeführten Feiern wurden von den Ethnologen des 19. Jahrhunderts als europäische Feuerfeste bezeichnet.

Er ist erstmals aus der neu-druidischen Bewegung des späten 18. Jahrhunderts durch den walisischen Dichter Edward Williams[13] überliefert.

Die o.a. Volksbräuche werden allesamt mit dem *Alban-Eiler*-Fest in Verbindung gebracht. Eine historisch verbriefte Überlieferung hierzu fehlt jedoch.

---

[13] Edward Williams, auch bekannt als Iolo Morganwg, war ein walisischer Altertumsforscher, der Ende des 18./ Anfang des 19. Jahrhunderts lebte. Viele seiner angeblich selbst aufgefundenen Dokumente und Quellen über die Tradition der Druiden wurden nach seinem Tod als Fälschung erkannt.

4. Zwischen den Welten

4.1 Walpurgis – die Nacht der Hexen

Als Freinacht der hexischen Umtriebe, so feiern wir die Nacht auf den 1. Mai. Ursprünglich war sie der Heiligen *Walpurgis*, einer englischen Äbtissin aus dem 8. Jahrhundert, gewidmet. Die Legende berichtet, dass anlässlich ihres Todes neun Tage und Nächte die Kirchenglocken läuteten, um Hexen und Dämonen fernzuhalten. Seit dem Mittelalter wurde ihr Gedenktag auf den 1. Mai festgelegt – ihr tatsächlicher Todestag war jedoch bereits der 25. Februar. Darüber hinaus gibt es keine Quellen, die auf eine christliche Interpretation dieses Tages bzw. dieser Nacht hinweisen. Legendenbildungen mögen demnach ebenso häufig, wie esoterische bzw. neoheidnische Deutungsversuche, im unergründlichen Reich der Fantasie angesiedelt sein.

Der Begriff der *Walpurgis*nacht als Nacht der Hexen verbreitete sich vor allem durch die Literatur von Schriftstellern wie Gustav Meyrink, Theodor Storm, H. P. Lovecraft und nicht zuletzt durch Goethes Faust. Sie alle ließen Hexen auf ihren Besen um den Blocksberg fliegen, zauberisches Unwesen oder gar in nächtlichen Orgien Buhlschaft mit dem Teufel treiben.

Dies beeinflusste natürlich auch den Volksglauben und so versuchte man durch Rituale und Abwehrzauber, dem vermeintlich Bösen Einhalt zu gebieten, in dem man auf bäuerlichen Äckern oder vor Haustüren umgekehrte Besen aufgestellte oder gar getötete Eulen und Krähen an Scheunen- und Stalltore nagelte, um Nahrungsvorräte, Tier und Mensch zu schützen.

Heute tummeln sich in dieser Nacht nicht nur Frauen oder Vertreter wiederauferstandener heidnischer oder esoterischer Weltsichten fröhlich und vergnügt durch Gassen und Straßen, über Felder und Wiesen. Seit der Blütezeit der WICCA Bewegung[14] in den 1970er Jahren herrscht ein weitgehend positives Bild von Hexen und Hexern. Mit Begeisterung und Stolz identifizieren sie sich mit der Rolle der weisen Frau, der Hagazussa, wie Hexen ursprünglich genannt wurden. Der Begriff stammt von der Verbindung des althochdeutschen «Hag» = Zaun und «zussn» = sitzen/hocken ab und bezeichnet ein weibliches Wesen, das auf

---

[14] WICCA = männlicher Hexer (von engl. «*wtich*») , bezeichnet heute eine neureligiöse Bewegung im Sinne einer naturverbundenen Spiritualität.

einem Zaun sitzt und ein Bein in der diesseitigen und das andere in der jenseitigen Welt baumeln lässt. Nach unserem derzeitigen Verständnis ist sie demnach eine Frau, die mit übersinnlichen Fähigkeiten gesegnet ist und über geheimes Wissen verfügt, welches nicht jedem Sterblichen zugänglich ist.

Auch, wenn es im Mittelalter und der Neuzeit unbestritten heilkundlich erfahrene Frauen gegeben hat, die wertvolle Dienste bei gesundheitlichen Beschwerden oder bei Geburten leisten konnten und diese durch die aufkommende Ärzteschaft als unliebsame Konkurrenz betrachtet wurden, dürfen wir bei all der heute üblichen Romantisierung nicht vergessen, dass auch in früheren Zeiten nicht jede Behandlung selbsternannter Kräuterhexen tatsächlich heilende Wirkung hatte. Mixturen aus Bilsenkraut und Engelstrompete vergrößerten oft das Leid und brachten nicht selten einen schmerzhaften Tod. Die Kenntnisse der Pflanzenwirkungen beruhten zwar auf empirischen Beobachtungen, nicht selten waren sie über Generationen vererbt, dennoch blieben sie meist ungeprüft und vor allem von finsterem Aberglauben durchdrungen. Der Umgang mit Kranken war – gerade wenn es um körperliche oder psychische Beeinträchtigungen ging – in der Medizin und auch bei den Heilerinnen wenig zimperlich. Der Aberglaube trieb rege Blüten. Die Wahl und Dosierung war oft nicht ausreichend genug erprobt, die Methoden häufig fragwürdig. Entwicklungsverzögerte Kinder wurden als Wechselbälger[15] angesehen, die man durch qualvolle Rituale zu entlarven glaubte, indem man sie in eiskalte Flüsse und Bäche tauchte oder über sengendes Feuer hielt. Auch das war Werk der Kräuterhexen.

In all der Romantisierung, die wir den Hexen heute zukommen lassen, vergessen wir aber auch allzu leicht, welch trauriges Kapitel die Hexenverfolgung in unserer Historie schrieb. Wir widmen uns der Thematik meist in der eher idealisierten Form von Romanen und Filmen. Hexen waren aber beileibe nicht die schönen, begehrenswerten Wesen, die weisen und eingeweihten Frauen, als die wir sie heute so gerne ein wenig einseitig

---

[15] Ein Wechselbalg bezeichnet ein nach dem Ebenbild eines Kindes geschaffenes Wesen aus der Anderswelt, dem Reich der Feen, die nach dem Volksglauben oft als neidisch und boshaft betrachtet wurden. Weil sie aus dem Paradies ausgeschlossen waren, trachteten sie danach, Kinder aus der Menschenwelt zu entführen.

betrachten. Sie standen tatsächlich in dem unzweifelhaften Ruf, einen Pakt mit dem Bösen geschlossen zu haben, Schadenszauber auszuüben und Menschen in Untergang und Verderbnis zu führen. Und dieser Glaube war nicht nur im ungebildeten Volk vertreten – er galt als Dogma!

4.2 Mythologischer Hintergrund

Der Glaube an Hexen geht bis in die Antike zurück. Obwohl man damals den Begriff selbst noch nicht kannte, fürchteten sich bereits die alten Griechen vor den schädigenden Einflüssen einer *Hekate*, die Göttin der Nacht und der Magie, oder einer *Kirke*, die als Zauberin die Begleiter Odysseus in Schweine verwandelte. Auch die *Graien*, die ihrem Archetypus entsprechend Darstellungen des personifizierten Alters waren, werden heute als Hexen bezeichnet. In ihren mythologischen Darstellungen galten sie als zauberkundige Wesen, die mittels Magie und Gift Macht über Menschen, Tiere und Naturgewalten erlangten. Sie waren die Hüterinnen der Schwellen, welche die Eingänge zur Unterwelt bewachten.

Auch das 1. Buch Samuel kennt die Bezeichnung «Hexe» noch nicht. Dieser Begriff hat sich erst im Mittelalter im deutschsprachigen Raum etabliert, jedoch ist auch dort von einer Totenbeschwörerin oder einer Besitzerin des Totengeistes die Rede, die heute allgemein als «Hexe von Endor» beschrieben wird.

Hexen finden sich auch in unseren alten Märchen. Und auch dort sind sie alles andere, als ungefährlich. Ob sie nun, wie bei Hänsel und Gretel, dem Kannibalismus frönen, in dem sie kleine Kinder in ihre Backöfen schieben oder ob sie in Gestalt der Baba Yaga mit einem «beinernen Bein» in einem Mörser durch die Lüfte fliegen – die Begegnungen mit ihnen sind immer lebensbedrohlich und zutiefst transformativ. Wem es gelingt, ihr Refugium lebend zu verlassen, ist nicht mehr der Mensch, der er vorher war. Ihre Lektion ist die, der Düsternis, ihr Vermächtnis das, der Vergänglichkeit.

Der Archetypus der Hexe spiegelt uns die zerstörerischen, destruktiven Mächte des Lebens wider. Er zeigt uns, dass es kein Licht ohne Finsternis gibt, kein Werden ohne Vergehen. Hexen sind Symbol für die alles verschlingende, weibliche Urmacht, die allen lichten und lebensspendenden Prozessen naturgemäß gegenübersteht[16].

So wundert es nicht, dass Menschen früherer Zeiten den schädigenden Einfluss von Hexen fürchteten und sie für alles, was ihnen an Unglück widerfuhr, verantwortlich machten. Egal, ob ein

[16] Zum Thema «Hexen» siehe auch: Ilona Picha-Höberth «Spieglein, Spieglein – Lebensbilder im Märchen», S. 189ff, creAstro-Verlag, Wasserburg 2022.

Unwetter die Ernte zerstörte, eine Frau ein krankes Kind gebar, im Stall ein totes Kalb zur Welt kam oder eine Kuh keine Milch mehr gab – alles Böse war immer das Werk von Hexen.

4.3 Hexenverfolgung

In der Zeit der Hexenverfolgungen warf man den der Hexerei beschuldigten Personen vor, auf Tieren, Ofengabeln, Stöcken oder Besen zu ihren Zusammenkünften mit dem Teufel zu fliegen. Martin Anton Delrio[17] beschreibt die Ausfahrt der Hexen in seinem Hexentraktat *Disquisitionum magicarum libris ex* im Jahr 1599 folgendermaßen:

> *«So also die Hexen, sobald sie sich mit ihren Salben eingerieben haben, auf Stöcken, Gabeln oder Holzscheiten zum Sabbath zu gehen, indem sie entweder einen Fuß darauf stützen und auch auf Besen oder Schilfrohren reiten, oder indem sie von entsprechenden Tieren, männlichen Ziegenböcken oder Hunden, getragen werden ...»*

Delrio geht also davon aus, dass die Hexen ihren Körper mit einer sogenannten Hexensalbe ein-

[17] Spanisch-niederländischer Jesuit und Hexentheoretiker, also ein Gelehrter, der sich aus theologischer, juristischer und medizinischer Sicht mit dem Hexenwesen beschäftige, lebte im 16. Jahrhundert. Sein literarisches Werk über Hexerei und Zauberei verstand er als Handbuch für Richter bei der Durchführung ihrer Hexenprozesse. Er beschrieb darin Hexenverbrechen und die Notwendigkeit von Folter.

gerieben hätten, um fliegen zu können. Eine weitere Interpretation vom Hexenflug findet sich auch in Grimmelshausens Roman «Der abenteuerliche Simplicissimus» aus dem Jahr 1669, in dem der Protagonist beobachtet, dass die Hexen Besen oder andere Gegenstände mit einer Salbe einrieben, um den Sabbat zu besuchen.

Heute weiß man natürlich, dass die Vorstellung zu fliegen, hauptsächlich den rauschhaften und oft visionären Zuständen nach der Einnahme halluzinogener Substanzen geschuldet ist und weniger der geheimnisvollen Rezeptur einer Flugsalbe. Aber die damalige Vorstellung und der Glaube an übersinnliche Fähigkeiten schürten die allgemeine Angst vor dem Schadenszauber, den eine Hexe auszuüben im Stande war.

Das Weltbild des Mittelalters bis hinein in die Neuzeit war relativ simpel nach klaren Ursache-Wirkungs-Prinzipien gestaltet. Alles, was den Menschen widerfuhr, war entweder eine Fügung oder eine Strafe Gottes oder aber der Versuch des Teufels, die göttliche Ordnung zu stören. Da dieser jedoch in irdischen Bereichen keine Wirkgewalt hatte, benötigte er dazu Helfer und Helfershelfer – also Hexer und Hexen.

Kein Wunder also, dass man versuchte, bei jedem Unglück, bei jeder Krankheit oder bei jedem schicksalhaften Ereignis einen Verantwortlichen zu bestimmen. Und am Ende fand sich immer jemand mit rotem Haar, Warzen und Muttermalen an entsprechenden Körperstellen oder einem stechenden Blick.

Das Bedürfnis, Hexen zu überführen, sie zu bestrafen und unschädlich zu machen, ging also zunächst vom Volke aus. Der Glaube an sie war, ebenso wie die Furcht vor Teufeln und Dämonen, tief in der Kollektivseele verankert.

Heute geht man von einer Sublimierung unterschiedlichster Erscheinungen aus, die zu diesem grausamen Kapitel in unserer Historie führten, das am Ende unzähligen Frauen, Männern und auch Tieren[18] das Leben kostete.

Neben einer weltweiten Klimaveränderung, die zu vermehrten Ernteausfällen und Dürreperioden führte, waren es zahlreiche Kriege (u.a. der 30-jäh-

---

[18] Der Hexerei bezichtigt wurden nicht nur Frauen, sondern auch Männer (wenn auch in weit geringerer Zahl) und Tiere. Verfolgt wurden vor allem Katzen, Eulen, Raben, Schweine und Schlangen. S. auch: Ilona Picha-Höberth, «Wasserburg mit anderen Augen sehen», creAstro-Verlag, Wasserburg 2020

rige Krieg), Hungersnöte und Seuchen (z.B. die Pest oder die Cholera), welche die Menschen in Not und Elend stürzten. Dafür mussten Schuldige bzw. Verursacher bestimmt werden.

Gefördert wurde diese Neigung durch eine immer stärker werdende Konkurrenz zwischen Katholiken und Protestanten im 17. Jahrhundert, während der sich die Kontrahenten durch spektakuläre Anschauungsprozesse ihren Stand im Volk zu sichern suchten.

So wurde, um einerseits die zunehmenden Ausschweifungen der Fehdegerichte des Volkes unter Kontrolle zu bringen und andererseits die Machtposition der kirchlich-rechtlichen Instanzen zu festigen, die Verfolgung von Hexen immer mehr zur Angelegenheit des Klerus und führte in der Folge zu immer mehr Prozessen.

Dennoch war es sicherlich nicht so, wie heute so oft fälschlicherweise angenommen, dass die ausführenden Organe sich der Grausamkeit ihres Wirkens bewusst waren. Jeder – vom einfachen Volk bis hin zum gebildeten Kirchenmann – war Teil des herrschenden Glaubenssystems und niemand hätte es in seinen Überzeugungen in Frage gestellt. Es gab zwar einige wenige, die mit den gängigen Verfahrenspraktiken und vor allem den Foltermethoden haderten. Die Überzeugung, dass Hexen existieren, unterlag jedoch keinerlei Zweifel. So schrieb auch Martin Luther in seiner Predigt aus dem Jahre 1526: *«Es ist ein überaus gerechtes Gesetz, dass Zauberinnen getötet werden, denn sie richten viel Schaden an ... Sie sollen getötet werden, nicht allein, weil sie schaden, sondern auch, weil sie Umgang mit dem Satan haben.»*

Obwohl Deutschland und Österreich die höchsten Hexenhinrichtungsraten zu verzeichnen hatten, gab es dort niemals eine kirchlich bestellte Inquisition. Der Verfolgung, Überführung und Bestrafung einer Hexe lagen in der Regel immer Vorwürfe und Anschuldigungen aus dem Volk zugrunde, wie z.B. unerklärliche Vorkommnisse im Umfeld des/der Beschuldigten, die Beeinflussung des Wetters, der böse Blick oder sonstiger Schadenszauber, wie auch der Pakt und die Buhlschaft mit dem Teufel und die Annahme von Tiergestalt. Auch glaubens- oder kirchenfeindliches Verhalten, wie z.B. Apostasie[19] oder Häresie[20], welches gegen die gültige Weltordnung verstieß, galten als Beweis für hexisches Wirken.

---

19 Apostasie = Abwendung von der Religion

20 Häresie = Ablehnung der geltenden Lehre oder Vorschrift

Als eines der maßgeblichen Grundlagenwerke für die Vernehmungspraktiken während eines derartigen Prozesses galt der «Hexenhammer» des Dominikaners Heinrich Kammer aus dem 1486.

Den Verhören lag meist einer, der Abfolge nach geregelter Katalog von Fragen zugrunde, die bei Leugnung durch das Zufügen körperlicher Schmerzen zu einem Geständnis führen sollten. Aus heutiger Sicht wissen wir, dass diese «peinlichen Verhöre», wie sie genannt wurden, die Dehydrierung und die Angst, denen die Delinquenten ausgesetzt waren, in der Regel oft erst zu geistiger Verwirrung und deshalb zu entsprechend auffälligem Verhalten führten, welches jedoch wiederum die angebliche Beweislage verdichtete. Eine einmal angeklagte Hexe befand sich in einem Teufelskreis, aus dem es kein oder kaum ein Entrinnen gab. Darüber hinaus führte die angewandte Folter meist dazu, dass nicht nur die eigene Schuld eingestanden, sondern auch zwei weitere Personen der Hexerei bezichtigt wurden. Nach der damaligen Vorstellung mussten immer drei Hexen an einer sog. «Ausfahrt» beteiligt sein. Die Verhörmaßnahmen wurden also so lange fortgesetzt, bis zwei weitere Namen genannt waren.[21]

Die letzte Hinrichtung einer vermeintlichen Hexe in Deutschland fand in Landshut statt. Am 2. April 1756 wurde die 15-jährige Veronika Zeritschin mit dem Schwert geköpft, ihr Körper anschließend verbrannt. Im Jahre 1782 wurde als letzte (urkundlich belegte) Hexe Anna Göldin in Glarus in der Schweiz hingerichtet. Das Abschlagen des Kopfes und die anschließende Verbrennung des Leichnams war übrigens die weitaus verbreitetere Hinrichtungsform, als die Verbrennung bei lebendigem Leib.

Das dunkle Kapitel der Hexenprozesse umfasste am Ende mehrere Jahrhunderte. Obwohl sich im Laufe der Zeit auch aus den Reihen der Kirche immer mehr Stimmen gegen die gängige Praxis der Vernehmung und Hinrichtung erhoben, wurde die Verfolgung von Hexen nicht durch Aufklärung und Erkenntnis eingestellt, sondern aufgrund eines juristischen Kniffes. Wenn, so das letztendlich überzeugende Argument, Gott allmächtig ist, dann müsse seine Allmacht auch so weit reichen, die

---

[21] Siehe auch: Ilona Picha-Höberth «Wasserburg mit anderen Augen sehen», S. 155 ff, creAstro-Verlag, Wasserburg 2020

Wirkgewalt der Hexen einzudämmen, tut er das nicht, müsse die Existenz von Hexen auch dem Willen Gottes entsprechen.

4.4 Volksglaube

Unsere heidnischen Vorfahren begingen ihre Jahresfeste orgiastisch, oftmals berauscht von halluzinogenen Drogen. Sie feierten dadurch vor allem den Lauf der Natur, die Kraft der Vegetation und nicht zuletzt die, der Sexualität und Fruchtbarkeit, was im lustfeindlichen Christentum schließlich als Sünde gewertet wurde.

So finden sich bis heute – meist völlig unbemerkt – heidnische Phalluszeichen in Gestalt meterhoher Maibäume umringt von Kränzen, die auf weibliche Fruchtbarkeitssymbole verweisen, auf den Plätzen von Dörfern und Gemeinden.

Auch in unseren Osterfeuern und im traditionellen «Tanz in den Mai» zeigen sich entsprechende Analogien zu den heidnischen Tänzen um das Feuer. Die heute noch in manchen Gebieten übliche Wahl einer Maikönigin erinnert an die Verehrung weiblicher Gottheiten, die von den Menschen zum Schutz und Segen für Wiesen und Äcker angebetet wurden. Etymologen sehen in der Verehrung heidnischer Naturgöttinnen, die Wurzeln der katholischen Bittgänge um landwirtschaftliche Felder, wie sie heute im Rahmen christlicher Feiertage zelebriert werden. Darauf beruht wahrscheinlich auch die Tradition, wonach die in der katholischen Kirche gefeierten Maiandachten der Gottesmutter Maria gewidmet sind. Marienkäfer wurden übrigens früher auch als Mutter-Gottes-Käfer bezeichnet.

4.5 Heidnische Wurzeln

Wie alle Feste, in denen sich heute noch Volksglaube mit dem anerkannten Glauben kirchlicher Institutionen mischt, so gründet auch *Walpurgis* in den heidnischen Vorstellungen unserer Ahnen.

Als *Beltane* oder *Beltaine* wurden die keltischen Feierlichkeiten bezeichnet, die im Jahreskreis zwischen der Frühlings-Tagundnachtgleiche und der Sommersonnwende standen. Nach den Phasen des Mondes berechnet, markiert es den 5. Vollmond nach der Wintersonnwende, wogegen die Datierung auf den 1. Mai dem Sonnenkalender entspricht.

Unterschiedlichen Angaben zufolge gründet der Name in der irischen Bezeichnung *Beltaine* für Mai. Manche Erklärungen beziehen sich jedoch auf die Silbe *bel* und verweisen damit auf *Belenus*, den keltischen Sonnengott.

Beltane ist das erste Fest des Sommers und wird manchen Quellen zufolge auch als Fest des Lichtes und der Priester bezeichnet. Seine Grenzen und Regeln waren enger gesteckt, als die des *Samain*festes – auch wenn die folkloristischen Auswirkungen in der Jetztzeit ähnlich sind. Es ist wohl davon auszugehen, dass es erst in späterer Zeit durch Neuheiden wiederbelebt und evtl. auch neu interpretiert wurde. Das bedeutet aber auch, dass einige der heute dem *Beltane* Fest zugeschriebenen Rituale eher dem kreativen Geist esoterischer oder neuheidnischer Auslegungen zuzuordnen sind.

Neuere Werke bezeichnen *Beltane* oder *Cetsamiun*, wie es auch genannt wird, einstimmig als Fest des Sommerbeginns – sie berichten allerdings davon, dass es ebenso wie *Imbolc*, *Lughnasadh* und *Samain* durch landwirtschaftliche Arbeiten entstanden sei. Zusammen mit *Samain*, das im Jahreskreis gegenüber liegt, bildet es eines der Hochfeste des keltischen Jahres.

Der Volksmythologie nach sind in dieser Nacht – ebenso wie zu den anderen Hochfesten – die *Sidhe* (Elfenhügel) geöffnet und die Andersweltwesen können in der Welt der Menschen sichtbar werden.

Unbestritten ist *Beltane* auch ein Fest des Feuers. In der Nacht wurden traditionell alle Herdfeuer gelöscht und dann mit Hilfe eines Feuersteines wieder entzündet. Das Vieh wurde unter Aufsicht zwischen zwei Feuer durchgetrieben, um es vor Krankheiten zu schützen. An diesem Tag versammelten sich die Druiden, um Verträge zu verhandeln und Streitigkeiten beizulegen. Die vorgeschriebenen Rituale, die anlässlich dieser Feierlichkeit abgehalten wurden, waren ausschließlich der Priesterschaft vorbehalten.

5. Im Zenit

5.1 Sommersonnwende

Zweimal im Jahr – im Sommer und im Winter – findet das *Solisticum* (lat. *Sonnenstillstand*) statt. Mit der Sommersonnwende zwischen dem 20. und 22. Juli beginnt auf der Nordhalbkugel der Erde der kalendarische Sommer. Die Sonne erreicht jetzt ihren höchsten Mittagsstand. Wir befinden uns in der Zeit des längsten Tages und der kürzesten Nacht.

Die Verehrung der Sonne als wichtigste Licht- und damit Lebensquelle geht bereits auf prähistorische Zeiten zurück und ihre spirituelle Bedeutung für die Menschen spiegelt sich in unzähligen Mythen, Märchen und Legenden. So dokumentieren historische Überlieferungen, wie die vom Turmbau zu Jericho[22], die aus dem 9. Jahrtausend vor Christus datiert, die Wendepunkte des *Solisticums* ebenso, wie der Pyramidenbau in Ägypten, die steinzeitliche Kultstätten in Stonehenge und

---

22 Der Turm von Jericho wird dem Präkeramischen Neolithikum zugerechnet und ist damit der älteste bekannte Turmbau der Welt.

die Himmelsscheibe von Nebra[23] aus der Bronzezeit.

Sonnwendfeiern haben auch in Europa eine lange Tradition, wie z.B. das skandinavische *Midsommarfest*, die Feiern im spanischen Alicante oder die Feuerfeste in den Pyrenäen, die inzwischen als immaterielles Weltkulturerbe gelten. Auf ein langes Brauchtum verweist auch das *Golowan*-Fest in Cornwall, das seit dem 18. Jahrhundert dokumentiert ist.

Heute werden die Sonnwendfeuer meist von unterschiedlichen Glaubens- und Weltanschauungsgemeinschaften, katholischen oder politischen Jugendverbänden oder neopaganistischen und esoterischen Gruppierungen veranstaltet.

---

[23] Die Himmelsscheibe von Nebra ist ein Artefakt aus der frühen Bronzezeit Mitteleuropas, verziert mit astronomischem Zeichen und religiösen Symbolen. Ihren Namen verdankt sie dem Fundort in Sachsen-Anhalt nahe der Stadt Nebra im Jahre 1999.

5.2 Christliches Weltbild – Johanni

Im kirchlichen Jahreskreis wird das Fest der Sommersonnwende heute hauptsächlich mit *Johannes dem Täufer* verbunden, einem jüdischen Bußprediger mit eigener Anhängerschaft, dessen Namensfest am 24. Juni begangen wird. Obwohl seine Historie umstritten ist, gilt er für die Christen als Endzeitprophet und Wegbereiter Jesu, der sich durch ihn taufen ließ. Auch die heiligen Schriften des Korans benennen ihn als drittletzten Propheten vor Jesus und Mohamed.

Johannes gilt als einer der bedeutendsten Heiligen sowohl in der orthodoxen als auch der katholischen Lehre und sein Festtag wird in den meisten Kirchen zelebriert. Das Datum seines heutigen Gedenktages führt auf das Lukasevangelium zurück, nach dem er sechs Monate älter als Jesus war und sein Namensfest genau auf den Tag gelegt wurde, der im Jahreskreis dem Heiligen Abend und damit der Geburt Jesus gegenüber liegt. Altkirchliche Überlieferungen erinnern aber auch am 7. Januar, an dem er Jesus getauft hat, am 29. bzw. 30. August an den Tag seiner Hinrichtung und am 24. Februar an die Auffindung seines Hauptes.

Heute erheben unterschiedliche Kirchen und Moscheen von Rom bis Damaskus den Anspruch darauf, sein Haupt als Reliquie zu besitzen.

5.3 Volksglaube

Wie alle christlichen Namensfeste ist auch der Johannistag mit vielerlei Bräuchen aus dem Volksglauben belegt, die mehr auf heidnische, als auf christliche Wurzeln hinweisen. So soll ein Sprung über das Johannisfeuer ein ganzes Jahr vor Fieber schützen. Oftmals werden in diesen Feuern auch sogenannte «Hansl» verbrannt – Strohpuppen, die symbolisch das Böse fernhalten sollen.

In alpenländischen Gegenden galt der Brauch, während der Sonnwendfeiern weithin sichtbare, brennende Holzräder von den Bergen herab ins Tal zu schicken oder einzeln bzw. paarweise über die Feuer zu springen, was Gesundheit, Wohlstand und Fruchtbarkeit verheißen sollte. Johanniskronen aus Blüten und Zweigen werden an manchen Dorfplätzen aufgehängt, um jegliches Unheil abzuwehren.

Aus unterschiedlichen Quellen ist bekannt, dass in dieser Zeit – neben dem Johanniskraut – vor allem der Beifuß, ein Halluzinogen, eine beliebte Heil- und Ritualpflanze war. Man flocht spezielle Gürtel, oft zusammen mit Gundelrebe (Abwehr gegen Hexen und Dämonen) und Eisenkraut (dem

Kraut der Gerechtigkeit und der Klarheit), die am Körper getragen, vor überraschenden Angriffen schützen sollten.

Morgentau, nach dieser Nacht gesammelt, könne, so glaubte man, kranke Tiere und auch Menschen heilen. Vermutlich deshalb wurde er auch gerne dem Brotteig zugesetzt.

In nördlichen Gegenden pflücken die unverheirateten Mädchen in der Nacht der Sommersonnwende sieben Sorten wilder Blumen auf sieben verschiedenen Wiesen. Kein Wort darf in dieser Zeit über ihre Lippen kommen. Legen sie den Strauss unter ihr Kopfkissen, erscheint ihnen ihr zukünftiger Bräutigam im Traum – aber nur, wenn sie auch darüber Stillschweigen bewahren. Hier zeigen sich Ähnlichkeiten zu den Bräuchen, die in der *Thomas*nacht zur Wintersonnwende zelebriert werden.

Wird eine Frau in der Johannisnacht schwanger, muss sie damit rechnen, dass ihr Kind mit dem Fluch des bösen Blickes belegt ist. Aus den Schalen der in dieser Nacht gelegten Eier können Hexen die Zukunft voraussagen und wer zu nächtlicher Stunde aus Unachtsamkeit ein Johanniskraut zertritt, müsse befürchten, von einem sich aus dem Boden erhebenden Pferd in wildem Ritt davongetragen zu werden.

Der zuletzt genannte Aberglaube mag wohl eine Verbindung zur keltischen *Puka* oder *Phooka* aufweisen, einem Gnom oder Gestaltwandler, der in seiner weiblichen Erscheinung oftmals als alte Hexe oder auch in Form einer Ziege oder eines wilden Pferdes auftritt. Mythologisch betrachtet, erkennt man in ihm eine Verwandtschaft zum keltischen *Budius*, einer der gehörten Gottheiten.

Nächtlichen Wanderern erscheint der oder die *Phooka* oftmals als eine Art Irrlicht. In seiner Pferdegestalt trägt er sie in wildem Galopp über Felsen und Berge und lässt sie am Ende dieses Rittes in tiefe Schluchten oder Moore stürzen.

Alles, was in der Nacht der Sommersonnwende auf Feldern und Äckern von Menschen zurückbleibt, gilt als Eigentum der *Phookas*. Aber nicht nur die Sommersonnwende, sondern auch die *Samain*nacht wird als *Puca nigths* bezeichnet, denn in ihnen sind ebenfalls die *Sidhe* (Feenhügel) geöffnet.

Besondere Bedeutung misst man dem in dieser Zeit blühenden Johanniskraut zu, welches auch als

Herrgottsblut bezeichnet wird. Während die Pflanzenteile leicht giftig sind, enthalten die Blüten den roten Farbstoff Hypericin, dem allgemein eine stimmungsaufhellende, psychisch ausgleichende Wirkung zugesprochen wird. In der Volksheilkunde wird Johanniskraut- oder Rotöl, das aus den Blüten angesetzt wird, bei leichten depressiven Verstimmungen, aber auch zur Haut- und Narbenpflege und bei Gallenbeschwerden angewendet. Ähnlich, wie beim Frauendreißiger sagt man auch der Johannisnacht eine verstärkte Wirkung der Heilkräuter nach.

Darüber hinaus verbinden sich viele Bräuche aus dem Volksglauben mit diesem Kraut. Kränze oder Johanniskronen aus Blüten und Zweigen werden an manchen Dorfplätzen aufgehängt, um Unheil für die Bewohner abzuwehren. Und nicht zuletzt ist dieser Tag auch für Bauernregeln und Wetterprognosen ein wichtiger Termin:

«Bleibt es an Johanni trocken und warm
Macht das den Bauern nicht arm»

Hier ist vielleicht auch die Nähe zum «Siebenschläfertag» am 27. Juni erwähnenswert. Der Volksmund sagt:

«Das Wetter am Siebenschläfertag
sieben Wochen bleiben mag.»

Meteorologische Beobachtungen haben gezeigt, dass in dieser Jahreszeit tatsächlich oft sehr lang andauernde, stabile Wetterphasen herrschen, weshalb die bäuerlichen Regeln durchaus ihre Berechtigung haben.

5.4 Heidnische Wurzeln

Während in den meisten Ländern dieser Zeitpunkt als datierter Sommerbeginn gefeiert wird, galt in keltischen Regionen eine Phase, die mit *Beltane* am 1. Mai begann und sich bis auf die *Litha*-feier zur Sommersonnwende erstreckte.

Als Sonnenfest war dies jedoch ursprünglich kein Fest des keltischen Jahreskreises. Dort kannte man im Grunde nur vier Hochfeste, nämlich *Imbolc*, *Beltane*, *Lugnasad* und *Samain*, weshalb *Litha* oder *Alban Hervin*, wie dieses Fest auch genannt wird, von Seiten der Keltologie eher folkloristischen Charakter hat. Seine heute üblichen Bräuche und Riten verdankt es mehr den neopaganistischen Auslegungen, wie z.B. dem WICCA Kult, die sich an die Traditionen nordischer Religionen anlehnen.

Dennoch gibt es unterschiedliche Quellen, die *Litha* als wesentlichen Jahrespunkt des keltischen Kreises sehen, da es dem *Yul*fest gegenüber liegt. Aber auch das Fest der Wintersonnwende bezieht sich auf den Stand der Sonne und ist damit eher den nordischen Kulten zuzuordnen und nicht den keltischen, wie wir sie heute verstehen.

Da aktuell jedoch die grundlegende Neigung besteht, alle heidnischen Riten als keltische Naturreligionen zu bezeichnen, vermischen sich auch hier unterschiedliche Sichtweisen im Sinne neuer Auslegungen. Angehörige der WICCA oder anderer spiritueller/esoterischer Verbindungen schmücken ihre Feste mit den Bräuchen und Ritualen unterschiedlichster Herkunft und Glaubensrichtung.

Feste, wie die Sommersonnwende, waren und sind in erster Linie Freudenfeste, in denen sich die Menschen am Überfluss der Natur berauschen. Rituale markieren den Beginn einer Phase in der Lebensfreude, Sinnlichkeit und Vitalität zelebriert werden.

Inwieweit deshalb die in diesem Zusammenhang genannten Zeremonien oder Einweihungsrituale wirklich historische Bedeutung haben, ist schwer zu sagen. In manchen esoterischen Werken wird davon berichtet, dass durch dieses Fest der keltische Gott *Belenus*[24] oder *Baldur*, wie er bei den *Asen* genannt wurde, geehrt werden sollte, um seinen Segen für die Felder zu erbitten. Ihm die-

---

[24] Belenus = keltischer Gott des Lichts, gleichzusetzen mit dem römischen Apollon. Sein Name leitet sich ab vom keltischen *bhel* (=hell). Auch die keltische Bezeichnung für das Bilsenkraut *belenuntia* weist eine Verbindung zu dieser Gottheit auf.

nende *Bilwis*-Priester hätten zu diesem Zwecke bestimmte Opferrituale durchgeführt.

Den Kelten werden, wie auch den Germanen, gerne schamanische Handlungen nachgesagt. So sei der sog. «Wolfsschamanismus» praktiziert worden, bei dem durch einen ekstatischen Tanz eine Art Trance erreicht wurde, in der die Tänzer in völlig unkontrollierte Zuckungen gerieten.

Heute treffen sich Touristen, Anhänger unterschiedlichster spiritueller oder esoterischer Richtungen, Heiden und sich selbst so bezeichnende Druiden aus aller Welt zur Sommersonnwende im englischen *Stonehenge*, einem Steinkreis aus der Jungsteinzeit von vor über 4.000 Jahren. Der sich darin befindliche *Heel Stone* ist exakt auf den Sonnenstand der Winter- und Sommersonnwende ausgerichtet, weshalb angenommen wird, dass dieser Zeitpunkt bereits seit Jahrtausenden gefeiert wird. Bisher ist jedoch nicht geklärt, welchen ursprünglichen Sinn diese Formation von Megalithen hatte – die aktuellen Schätzungen reichen von einem astronomischen Observatorium mit Kalender bis hin zu einer religiösen Kult- und Begräbnisstätte.

6. Frauendreißiger

Wenn der Sommer seinen Höhepunkt überschritten hat, sich die ersten Nebelschwaden aus taufeuchten Wiesen erheben und die Spinnen mit ihren Flugfäden durch die Lüfte schweben, um ihre Netze weben, beginnt die Zeit des Altweibersommers. Der Begriff «Weiber» bezieht sich übrigens auf die althochdeutsche Bezeichnung «weiben» für die Tätigkeit des Spinnens und auch für die Spinnweben selbst, die an das feine graue Haar alter Frauen erinnern. Eine christliche Legende berichtet, dass einst aus diesen glitzernden Webfäden das Hemd für das Jesuskind gewoben wurde. Jetzt zeigen sich die ersten Zeichen des Herbstes, das Jahr ändert Farbe und Licht. Die Zeit der Ernte beginnt. Der Volksmund sagt:

«An Mariä Namen sagt der Sommer Amen.»

Alle Arbeiten rund um Garten und Feld dienen nun der Vorbereitung auf den Winter. Die Erträge verlangen nach geschickter Einteilung, Vorräte müssen angelegt werden, Lebensmittel eingelegt, eingekocht, eingelagert oder getrocknet. Es gilt, die letzten Sommerwochen zu nutzen. Wer jetzt nicht klug und vorausschauend plant, wird in der dunklen Zeit Not leiden.

Bald schon wird auch die Sonne in das Zeichen der Jungfrau wandern. Als zweitem Erdzeichen im Tierkreis sind ihr alle Prozesse der vernünftigen Einteilung vorhandener Ressourcen zugeordnet, der Ordnung und Verrichtung der täglichen Arbeiten. Mit analytischem und kritischem Sachverstand besitzt sie die nötige Voraussicht, um die Planungen für die kommenden Monate vorzunehmen. Sie weiß um die Notwendigkeit von Einschränkung und Verzicht zur rechten Zeit, sie weiß, dass in einem großen System jedes noch so kleine Detail seinen Platz finden und halten muss, um es am Laufen zu halten.

Jetzt ist die Zeit des Frauendreißigers gekommen, eine Zeit, in der die Gifte ihre Schärfe verlieren und auf Mensch, Tier und Natur ein dreifacher Segen ruht.

Schon die Bezeichnung «Dreißiger» verweist auf einen Monat und tatsächlich soll dieser Segen von der Zeit der Mariä Himmelfahrt (15. 8.) bis zu Mariä Geburt (8. 9.) bzw. Maria Namen (12. 9.) gelten. Manche katholische Quellen berichten sogar noch vom 15. September als Ende des Frauenmonats, der als der Tag des «Gedächtnisses der Schmerzen Marias» bezeichnet wird. Der Tag «Mariä Geburt» ist neben Weihnachten und Johannis der einzige Geburtstag, der im Kirchenjahr gefeiert wird. Alle anderen Gedenktage verweisen auf Todesdaten.

Mariä Himmelfahrt gilt in den alten Bauernkalendern als der beste Tag für die Aussaat des Winterkorns.

Zulässig sind übrigens beide Schreibweisen, sowohl Mariä als auch Maria. Das «ä» steht für den lateinischen Genitiv von Maria.

6.1 Christliches Weltbild

In der katholischen Kirche wird am 15. August das Fest der Mariä-Himmelfahrt gefeiert. Ursprünglich festgelegt wurde dies bereits im 5. Jahrhundert durch Kyrill von Alexandrien. Der Heilige und Kirchenvater setzte im Jahr 431 im Konzil von Ephesos die Lehre der Gottesmutterschaft Marias durch.

In der patriarchalen, christlichen Tradition besitzt Maria zwar keinen Gottesstatus – der ist ausschließlich den männlichen Vertretern der Dreifaltigkeit vorbehalten. Dennoch suchten die Menschen aus dem Volk immer auch eine starke weibliche Instanz, an die sie sich mit ihren Sorgen, Bitten und Hoffnungen wenden konnten. Als Gottesgebärerin und Himmelsmutter erfüllte Maria diese Aufgabe und so wurde ihr mit Mariä Himmelfahrt, dem Tag, der auch als ihre Vollendung bezeichnet wird, ein besonderer Feiertag gewidmet. Es gibt Quellen, die berichten, dass Maria bei den Urchristen eine weitaus größere Bedeutung innehatte und sie dort – nach Jesus – die wichtigste Instanz in der göttlichen Hierarchie darstellte.

Dem an diesem Tag traditionellen Weihen und Binden der Kräutersträuße legt man folgende Legende zugrunde, die durch Papst Pius IXX in einem Dogma bestätigt wurde:

Maria starb im Alter von 72 Jahren. Als der Jünger Thomas ihr Grab besuchen wollte, entdeckte er einen leeren Sarg. Die Grabkammer aber war erfüllt vom lieblichen Wohlgeruch von Blumen und Kräutern. Nachdem sie gezählt wurden, waren es 72 an der Zahl – genauso viel wie Jesus Jünger ausgesandt hatte und Maria Lebensjahre auf Erden verbrachte. In der «Legenda Aurea», der goldenen Legende, einem im Mittelalter verbreiteten Volksbuch des Dominikanermönches Jacobus de Voragine, ist festgehalten, dass es Jesus selbst war, der diesen Duft verbreitete, als er zusammen mit seinen Engeln hinabstieg, um seine Mutter in den Himmel aufzunehmen.

In katholischen Gegenden treffen sich traditionell an den Vortagen des Marienfestes die Frauen der Dörfer zum Binden von Kräuterbuschen, die nach der Weihe im Anschluss an die Messe verkauft werden. Gebunden werden sie nach einem vorgegebenen Prinzip. Die Mitte bildet, als

Symbol Marias, jeweils eine Königskerze oder eine Rose, die von einer bestimmten Anzahl verschiedener Kräuter, Blumen oder Getreideähren umrankt wird.

Nach Grundlage der christlichen Legenden lehnt sich die Anzahl an die heiligen Zahlen an – nämlich drei für die Dreifaltigkeit, sieben für die Sakramente und zwölf für die Apostel oder die Stämme Israels. Diese Zahlen werden in der Regel vervielfacht, so dass, je nach Region, Sträuße mit 7 bis 77 Kräutern entstehen – oftmals sogar mehr.

6.2 Volksglaube

Auch wenn der Brauch heute fast ausschließlich im katholischen Umfeld gepflegt wird, verweist das Binden der Kräuter, die vorgegebenen magischen Zahlen und auch die an heidnische Opfergaben erinnernde Anwendung der Buschen auf entsprechende Wurzeln im Volksglauben. Demnach helfen die verwendeten Pflanzen nicht nur bei bestimmten Krankheiten und werden deshalb als wichtige Medizin für den Winter durch Trocknen haltbar gemacht, sie sollen auch eine besondere psychische Macht verleihen – so z.B.:

- Majoran = Gesundheit
- Salbei = Schutz gegen den Tod
- Baldrian = Liebe
- Rosmarin = Treue
- Goldrute = freundschaftliche Beziehungen
- Gerste = Kraft und Stärke
- Arnika = Abwehr von Zauber, Feuersbrunst und Hagelschlag
- Wacholder = Schutz gegen Geister und Dämonen
- Frauenmantel = Verbindung zur kosmischen Mutter

Dem Brauch zufolge werden die Kräuterbuschen nach dem Weihen zuhause im sog. «Herrgottswinkel» aufgehängt und dienen als Schutz für Haus und Hof. Teile des Strausses wurden früher auch in Scheunen aufgehängt oder den Stalltieren unter das Futter gemischt in der Hoffnung, dass dadurch Hof und Vieh geschützt seien und die Ernte reich ausfalle. Man versprach sich Schutz vor Giften jeglicher Art, auch vor Schlangen- oder sonstigen Tierbissen sowie einen Bannzauber gegen alles Böse, wie teuflische Anfeindungen und betrügerische Machenschaften. Kranken hängte man die geweihten Buschen in die Kammern, Brautleuten legte man sie mit der Bitte um reichen Kindersegen in der Hochzeitsnacht unter das Kopfkissen. Auch Toten wurde ein Zweig aus dem Strauß mit ins Grab gelegt, als Stärkung und Segen für ihre letzte irdische Reise. In der Weihnachtszeit verwendete man Teile davon auch gerne für die Haus- und Stallräucherungen zu Dreikönig, die mit zunehmender Verbreitung der Esoterik inzwischen als Raunachtsräucherungen zelebriert werden.

Weitere, teils brachiale, volks- und abergläubische Ansichten in Verbindung mit dem Marientag entwickelten sich – je nach Gegend – sehr unterschiedlich. Aus Schwaben z.B. ist überliefert, dass man am «Frauendreißigst» Mäusen den Kopf abbeißen müsse, der um den Hals gehängt, vor Zahnschmerzen schütze. Im Allgäu dagegen glaubte man, dass Eier, die an diesem Tag gelegt werden, besonders lange haltbar seien, teilweise sogar über den ganzen Winter. Küken, die am 15. August geschlüpft seien, würden bereits an Weihnachten Eier legen.

6.3 Heidnische Wurzeln

Wir kennen Marienstatuen in der Regel in drei unterschiedlichen Grundgestaltungen:

Neben der *Immaculata*, der unschuldigen, unbefleckten und reinen Jungfrau, zeigen sich auch Darstellungen der mütterlichen Madonna mit dem Jesuskind oder die der, etwas weniger verbreiteten «schwarzen» Madonna[25].

Matriarchatsforscher sind sich weitgehend darin einig, dass in diesen unterschiedlichen Posen bzw. Abbildungen Marias heidnische Wurzeln zu erkennen sind.

Unsere Ahnen fanden Zuflucht und Vorbild für ihre Lebensprozesse am Beispiel der Natur.

---

[25] Schwarze Madonnen sind eine seltene, weitgehend ungeklärte Erscheinung. Die ursprünglich aus hellem Lindenholz geschnitzten Statuten dunkeln im Lauf der Zeit so stark nach, dass sie als «schwarz» bezeichnet werden. Während Kritiker hartnäckig zu beweisen suchen, dass dieses Phänomen durch Feuer zustande käme, berichten andere Quellen davon, dass es sich wohl um einen natürlichen Veränderungsprozess des Holzes handelt, der mit dem Zeitpunkt des Schlagens der Linde in Verbindung stehe. Die wohl berühmteste «schwarze» Madonna befindet sich in der Gnadenkapelle des Wallfahrtsortes Altötting.

Geburt, Werden und Vergehen lagen immer in weiblicher Hand. Die Frauen waren es, die das Leben schenkten, nährten, beschützten und in Krankheit und Tod begleiteten. Deshalb war es für die Menschen eine in sich logische Schlussfolgerung, dass auch die himmlische Macht nur in weiblicher Hand liegen konnte.

Als göttliche Instanz verehrten sie deshalb ein weibliches Trias, in Gestalt der *drei Bethen*[26]. Der Vorstellung nach lebten sie in den Tiefen der Brunnen oder an den Wurzeln der Bäume, vornehmlich der Linde, dem Baum der Mutter[27]. Dort saßen sie am Spinnrad der Ewigkeit, an dem die erste von ihnen den Lebensfaden spann, die zweite ihn abmaß und die dritte ihn schließlich abschnitt. Derartige Schicksalsfrauen als Hüterinnen aller Lebensprozesse kannten die Germanen als *Nornen* und auch die Griechen und Römer als *Moiren* oder

---

26 Bethen = keltisch *betho*, bedeutet immerwährend, wovon sich auch der Begriff des Betens bzw. der Anrufung ableitet.
Weitere Erklärungen hierzu s.a. Ilona Picha-Höberth «Zeit-Los Mystik und Magie der Raunächte», S. 65 ff, creAstro-Verlag, Wasserburg 2019

27 Zur Symbolik von Linde und Brunnen s.a.
Ilona Picha-Höberth «Spieglein, Spieglein – Lebensbilder im Märchen, S. 169 ff, creAstro-Verlag, Wasserburg 2022

Parzen. Aus der slawischen Mythologie sind uns die *Zorya* überliefert und in den alpenländischen Gegenden wurden sie oft mit den saligen (=seligen) Frauen[28] in Verbindung gebracht. Die Liste ließe sich beliebig fortführen und verdeutlicht, dass in vorchristlichen Zeiten die kosmische Macht in den unterschiedlichsten Kulturen immer eine weibliche war.

So mag es kein Wunder sein, dass die Attribute bzw. Avatare der großen Muttergottheit in den Darstellungen kirchlicher Heiliger wieder auftauchen. Wir finden sie in den Abbildungen katholischer Märtyrerinnen, sowie z.B. der Heiligen Drei Madl'n *Barbara*, *Katharina* und *Margarete*, in denen wir die keltischen Matronen *Borbeth*, *Ambeth* und *Wilbeth*[29] erkennen können ebenso, wie auch in den Darstellungen der Maria.

Ihr blaues Kleid verkörpert ihre himmlische Heimat, ihr zwölfarmiger Strahlenkranz die kosmische Ganzheit. Der linke Fuß thront auf einer Mondsichel und verweist auf das alte, urweibliche Wissen um die Zeit und der mit den Lebensprozessen verbundenen Mysterien von Geburt (weiß), Fruchtbarkeit (rot) und Tod (schwarz).

---

[28] Salig = die keltische Bezeichnung für heilig oder heilend

[29] s.a. Ilona Picha-Höberth, «Zeit-Los», creAstro-Verlag, Wasserburg 2019

Auch ihr Name spiegelt ihre Herkunft und führt auf alte, weit zurückreichende Kulturen, Mythen und spirituelle Weltsichten zurück. Maria bedeutet, *«die aus dem Mee*r *Geborene»*. Aus dem Schaum der Meere geboren war auch *Venus* oder *Aphrodite*, die griechische bzw. römische Göttin der Liebe und der Fruchtbarkeit. Ihnen voraus gingen bereits die ägyptische *Hathor*, die babylonische *Ischtar* und die sumerische *Inanna*. Sie alle waren Göttinnen der Fruchtbarkeit und wurden in der Venus – dem Morgen- und Abendstern – verehrt. Ihnen waren aber auch die Phasen des Mondes zugeordnet und im Gegensatz zum sinnenfeindlichen Christentum, durften sie der sexuellen Lust frönen. Die Liste dieser weiblichen Göttinnen ist endlos, auch wenn die ihnen zugewiesenen Attribute sich in Einzelheiten unterscheiden. Das liegt aber vielmehr daran, dass es in den Glaubensvorstellungen unserer Vorfahren in der Regel immer unterschiedliche Avatare, also Erscheinungsformen, der kosmischen Gottheiten gab. Ähnlich wie im katholischen Heiligenglaube, war jede für bestimmte Anliegen der Menschen zuständig.

In neopaganistischen Kreisen wird heute oft ein Zusammenhang zwischen dem Frauendreißiger und dem keltischen Erntefest *Lughnasadh* gesucht. Es wird übersetzt mit «*Tod des Lugh*» oder der «*Tötung des Lug*» und markiert das Ende des Sommers. Zusammen mit *Imbolc*, *Beltane* und *Samain* zählt es zu den vier großen Festen im keltischen Jahreslauf. Heute wird es am 1. August gefeiert und richtet sich damit nicht mehr – wie ursprünglich üblich – nach den Mondphasen.

Lughnasadh markiert – wie der Frauendreißiger – den Beginn der Erntezeit. Ihm voran ging eine Festphase, die von Mitte Juli bis Mitte August andauerte, in der Spiele, Wettkämpfe und Verlobungen stattfanden. Auch Konkubinen wurden der Überlieferung nach angekauft, um mit ihnen befristete Ehen bis zur Zeit des nächsten *Lughnasadh* zu schließen. Probeehen gab es zu dieser Zeit auch unterm Volk. Wenn sich eine Ehe als unfruchtbar erwies, konnte sie im darauffolgendem *Lugnasadh* wieder gelöst werden. Inwieweit dieser patriarchal anmutende Brauch durch das beginnende Christentum beeinflusst war, ist schwer zu sagen, aber durchaus denkbar.

Laut den Keltenforschern Francoise Le Roux und Christan J. Guyonvarch ist *Lugnasadh* das

Fest des Königs. Obwohl es als «Tag der Reife aller Früchte» gefeiert wurde, sei es in den meisten Heldenepen und Mythen meist nicht erwähnt. Dennoch gäbe es Gedichte und Verse, die von diesen Augustfeierlichkeiten in verschiedenen irische Königreichen berichteten[30].
Demnach sei es

«ein göttliches und ewiges Fest»,
«ein königliches Fest»
«ein Schutzfest gegen alle Widrigkeiten»
«ein Garant des Friedens und
des Wohlstandes».

In neuheidnischen Kreisen wird häufig auch der Begriff «Lammas» verwendet. Dieser bezieht sich auf das Brot, das aus dem ersten Kornschnitt gebacken wurde. In heutigen Festen vermischen sich häufig Bräuche und Riten verschiedenster Zeremonien, weshalb oft nicht mehr festgelegt werden kann, ob und inwieweit sie wirklich historischen Bezug aufweisen. Allerdings zeigt sich damit ein Phänomen, das immer schon bestand: Menschen brachten ihre eigenen Weltsichten und traditionellen Riten in die etablierten religiösen

---

30 Le Roux/Guyonvarch «Die Hohen Feste der Kelten», Aurun Verlag 1997

Thesen ein, schufen daraus neue Rituale und so vermischte sich im Laufe der Zeit praktizierter Volksglaube mit anerkannter theologischer Lehre.

7. Zeit der Ernte

7.1 Herbst-Tagundnachtgleiche

Die Bezeichnung Herbst gründet im englischen Wort «harvest» = Erntezeit und bezieht sich auf die in unseren Breitengraden herrschende Phase des Erntens und Lesens von Früchten, Gemüse und allen sonstigen Gaben der Natur.

Für unsere Ahnen waren dies die Wochen, sich mit der vorbereitenden Planung für die dunkle Jahreszeit zu beschäftigen, die Erträge des Jahres so einzuteilen, dass die Vorräte für den Winter reichten, notwendige Reparaturen an Häusern und Höfen vorzunehmen, um gegen Kälte und Sturm gerüstet zu sein. Nicht zuletzt deshalb traf man sich noch einmal zu geselligem Beisammensein bei deftigem Essen, ehe Pfade und Wege unpassierbar wurden.

Die Vegetation verändert sich jetzt sichtlich. Der Rückzug der Pflanzensäfte in Stämmen und Wurzeln sorgt dafür, dass sich Gräser gelb färben und Blätter bunt werden und schließlich abfallen.

Unzählige Dichter und Literaten widmeten dem Herbst ihre Werke und betrachteten ihn als Metapher für die Vergänglichkeit allen Seins, das Aufflammen der Farben und die Schönheit der Natur in dieser Jahreszeit als letztes Auflodern vitaler Kräfte vor ihrem Verfall, aber auch als Erinnerung daran, dass die Natur nicht stirbt, sondern sich lediglich in einen winterlichen Schlafzustand zurückzieht, ehe sie im Frühjahr zu neuem Leben erwacht.

Die Herbsttagundnachtgleiche bezeichnet jenen Moment, an dem die Sonne den Himmelsäquator absteigend überschreitet. Genau wie beim Frühlingsbeginn sind jetzt Tag und Nacht genau gleich lang. Von nun an werden die Tage kürzer und die Nächte länger. Kalendarisch befindet sich dieser Zeitpunkt zwischen dem 19. und 21. September und markiert den Herbstbeginn. Astrologisch gesehen beginnt jetzt die Zeit der Waage. Sie ist das Zeichen des Ausgleichs der Gegensätze, der Harmonie und der Verbindung. Geben und Nehmen stehen nun im Einklang und der Mensch wird sich der Geschenke und seiner Abhängigkeit von der Natur bewusst. Wir können nicht ernten, wo wir nicht gesät haben. Unser Tun trägt Früchte.

Das astrologische Symbol wird als einfache Waage mit zwei durch einen Balken verbundene Waagschalen dargestellt, die nach einem gerechten Ausgleich streben.

Der Herrscherplanet der Waage ist die Venus, die Göttin der Liebe und des kleinen Glücks. Ihr Name bedeutet Anmut. Sie entspricht der griechischen Aphrodite und der germanischen Freya. Ihr waren alle Beziehungen – ob private oder geschäftliche – anvertraut und Bindungen unter ihrem Zeichen des Pentagramms[31] geschlossen, standen unter einem guten Stern. Deshalb galt der Oktober früher auch als günstiger Hochzeitsmonat.

31 Zur Symbolik des Pentagramms siehe auch Ilona Picha-Höberth «Wasserburg mit anderen Augen sehen», S. 190 ff, creAstro-Verlag, Wasserburg 2020

7.2 Christliches Weltbild – Erntedank/ Kirchweih

Erntedank wird heute im Allgemeinen als christliches Fest bezeichnet, auch wenn kirchliche Institutionen einräumen, dass seine Wurzeln bereits weit in vorchristlicher Zeit zu suchen sind. Im antiken Griechenland feierte man dieses Fest zu Ehren von *Demeter*, der Göttin der Fruchtbarkeit von Erde, Ackerbau und Saat. Als *Ceres* wurde sie im Römischen Reich verehrt.

Seit Urzeiten drückt der Mensch seine Dankbarkeit gegenüber den Gaben der Natur in der Zeit der Ernte aus.

Innerhalb Deutschlands gibt es für den Termin des christlichen Erntedankfestes regionale Unterschiede. Während es in der katholischen Kirche seit 1972 am ersten Sonntag im Oktober gefeiert wird, bestimmte die evangelische Tradition 1985 den ersten Sonntag nach Michaeli[32]. Erste Erwähnung in christlichen Quellen fand es jedoch bereits

---

[32] Am 29. September ist in der christlichen Tradition der Gedenktag des Erzengels Michael, der den Beginn einer vierwöchigen Michaeli-Zeit markiert. Als Seelenführer begleitet er die Seelen der Verstorbenen vor Gottes Thron und steht für die Vertreibung des Bösen aus dem Himmelreich.

im 3. Jahrhundert. Dennoch ist dieses Fest kein verpflichtender Bestandteil des heilsgeschichtlich orientierten Kirchenjahres.

Anlässlich der Gottesdienste werden die Kirchen geschmückt. Auf den Stufen und Altären werden die Gaben der Natur, wie z.B. Getreide, Früchte und Obst ausgelegt aber auch Lebensmittel, wie Mehl oder Honig. Manche Kirchengemeinden übergeben diese Nahrungsmittel im Anschluss an die Messen als Almosen an Bedürftige bzw. karitative Einrichtungen.

Die Kirchweih – als das Fest der jährlichen Wiederkehr des Tages, an dem die Kirche ihre ursprüngliche Weihe erhalten hat, wird in Bayern heute überwiegend im Herbst gefeiert, obwohl es keine historische Überlieferung hierzu gibt. Aus diesem Grund mag sich auch die Bezeichnung «Allerweltskirchweih» eingebürgert haben. Vermutlich lag die Zeit der vollendeten Ernte kalendarisch am günstigsten, um sich nicht nur den Festtagsbraten, sondern auch das Bier schmecken zu lassen. In den kirchlichen Messen wurden in den Predigten die Ereignisse des vergangenen Jahres noch einmal hervorgehoben.

7.3 Volksglaube

Anlässlich des Erntedankfestes finden in verschiedenen Regionen Umzüge statt, bei denen Wägen – oft als «Letzte Fuhre» bezeichnet – mit Erntekronen aus Gerste, Roggen, Weizen und Hafer geschmückt und mit Blüten und Schleifen, als Symbol der ewigen Kreisläufe, verziert werden. Auch wenn viele der Bräuche heute eher folkloristischen bzw. touristischen Charakter aufweisen, gilt es immer noch als eines der größten Bauernfeste im Jahr, an dem die Freude über eine ausreichende Ernte – und damit die Aussicht darauf, den Winter unbeschadet zu überstehen – zelebriert wird.

Eingebürgert haben sich auch – vor allem zur Kirchweih – die in dieser Zeit stattfindenden Volksfeste und Jahrmärkte. Jetzt kommen besonders deftige Speisen auf den Tisch, wie z.B. die Gans oder der Schweinebraten. So wurde in Franken die sog. «Kärwasau» (Kirchweihsau) geschlachtet – ein öffentliches Spektakel, an dem alle Dorfbewohner beteiligt waren. Die Rolle des Schweins wird heute mancherorts stellvertretend durch einen «Kerwaburschen» übernommen, der in einem mit Wasser gefüllten Trog dem Spott der Menge preisgegeben wird. Der Begriff «Kerwasau» findet aber auch Verwendung für eine zuvor gewählte Person, die sich öffentlich beim Kirchweihfass für begangene Sünden entschuldigen und es küssen muss. Weitere Bräuche finden sich vor alle im fränkischen Raum und in der Pfalz, wie z.B. das Tragen eines «Kärwatuches», das Aufstellen eines geschälten «Kärwabaumes» oder das Verbrennen der «Kerwaschlumpel», einer Strohpuppe in Frauenkleidern.

In Oberbayern hält sich die Tradition des «Kirtahutschens» – einer Schaukel, die in der Scheune der Bauernhöfe befestigt wird und auf der bis zu 15 Personen Platz finden.

Süßspeisen und Schmalzgebackenes, wie Kirchweihkrapfen und -nudeln oder Ausgezogene dürfen auf keiner Festtafel fehlen. Das Kirchweihmal und der Kirchweihtanz sind seit dem 15. Jahrhundert überliefert.

Das in Amerika übliche Thanksgivingfest geht übrigens zurück auf die Ankunft der Schiffe der Gründerväter. Es wird erst am vierten Donnerstag im November gefeiert. Dann treffen sich traditionell die Familien zum gemeinsamen Truthahnessen.

7.4 Heidnische Wurzeln

In den Umzügen und Dankprozessionen dieser Erntedankfeste sind die vorchristlichen Quellen unschwer zu erkennen. Auch die Kirche gesteht in diesem Fall die Herkunft sowohl in der Antike, als auch in der heidnischen Naturverehrung zu.

Im WICCA-Kult sowie in anderen neoheidnischen Kreisen hat sich für diesen Zeitpunkt der Begriff *Mabon* etabliert. Benannt nach einer Gestalt aus der walisischen Mythologie, deren Herkunft auf die keltische Gottheit *Maponos* verweist, das «Göttliche Kind», Sohn der Göttin *Modron*. Gefeiert werden in der Zeit vom 20. bis 23., mitunter auch bis 29. September, die Tagundnachtgleiche und das Erntedankfest.

In der Zeit des Erntemondes schüttet das Füllhorn der Natur noch ein letztes Mal seine reichhaltigen Gaben aus. Der Sommer nimmt endgültig Abschied. Auch der Zeitraum der Ernte, der mit *Lugnasadh* im August seinen Anfang nahm, endet nun. Die althochdeutsche Bezeichnung «Scheiding» für den Monat September mag hier ihren Ursprung haben.

Mabon beginnt an dem Tag, an dem die Sonne in das Tierkreiszeichen der Waage tritt, bei Sonnenuntergang. Die Menschen zelebrieren ein Festmahl, bestehend aus Wild, Kuchen, allen Speisen, die aus Äpfeln zubereitet werden können, Nüssen und Wein. Zum Zeichen des Respekts den Gaben der Natur und der Dankbarkeit der Kornmutter gegenüber, werden drei Früchte über die linke Schulter geworfen. Die letzte Garbe der Getreideernte bleibt auf dem Feld stehen oder wird erst gar nicht geschnitten.

Als «*Haleg*monat» war dieser Zeitraum bei den Sachsen und Angeln bekannt, in dem große Opferfeste gefeiert wurden. Die Germanen trafen sich jetzt in der Phase des Ausgleichs zum großen «*Thing*», der Versammlung bei der Konflikte gelöst und Recht gesprochen wurde. Durch Opfergaben suchte man die Balance zwischen der Welt der Menschen und der Welt der Götter wieder herzustellen.

8. Der Jahreskreis schließt sich

Alles was wird, muss wieder vergehen. Eine Weisheit, die eben so wahr, wie banal erscheint. Wir wissen um unsere Abschiede, wir wissen um unsere Vergänglichkeit. Wir wissen, dass nichts, was uns umgibt, von Dauer ist. Und dennoch hadern wir mit nichts so sehr, wie mit der Tatsache, dass die Dinge endlich sind.

Das hebräische Wort *«häväl»* , in dem einige Etymologen eine Verbindung zum englischen «Halloween» sehen, bedeutet *Windhauch*. In der lateinischen Bibel wurde mit «Vanitas» (Eitelkeit, Nichtigkeit) übersetzt. Es beschreibt die Vergänglichkeit des Seins. Der Mensch hat keine Macht über das Leben. Nicht das, was vergeht, ist sinnlos, sondern einzig und allein der Versuch, die Dinge festhalten zu wollen. Darstellungen an Kirchen und Grabplatten von Totenschädeln, Knochen und Sanduhren sollen uns Menschen daran erinnern und uns mahnen, unsere begrenzte Zeit nicht zu vergeuden und auf die Handlungen während unserer Lebensreise zu achten.

Die Diskrepanz zwischen dem Wissen um die Endlichkeit und der ständigen Angst vor Abschied und Verlust, beschäftigt den Menschen seit jeher. Und schon immer versuchten Philosophen, Priester und spirituelle Lehrer Antworten auf diese letzten Fragen der irdischen Existenz zu geben. Die Menschen im Volk hingegen nahmen sich Beispiele anhand des Jahreslaufes. Die Natur führt den lebenden Beweis dafür, dass alles dem ewigen Kreis von Werden und Vergehen folgt. Alles, was geboren wird, muss sterben, sobald seine Zeit gekommen ist. Aber alles Leben ruht nur, bis auch die Zeit wieder reif ist für einen Neubeginn. Das Samenkorn schläft den Schlaf des Vergessens unter der gefrorenen Erde. Welche Jahreszeit würde sich also besser eignen, um an die Vergänglichkeit des Seins zu erinnern, als der späte Herbst, wenn die Erde sich nach innen neigt, die Bäume ihr letztes Laub verlieren, wenn aus den abgeernteten, braunen Äckern weiße Nebelschwaden steigen?

8.1 Christliches Weltbild – Allerheiligen

Am 1. November begehen wir in unserer christlichen Kultur das Fest von «Allerheiligen», am 2. November «Allerseelen». An Allerheiligen (lat. Festum Omnium Sancotorum) wird der heiliggesprochenen Verstorbenen gedacht, deren laut Präfation[33] *«verherrlichten Glieder schon zur Vollendung gelangt sind»*.

In den ersten Jahrhunderten des christlichen Glaubens stieg die Zahl der Heiligsprechungen zunehmend, weshalb es nicht mehr möglich war, jedem Einzelnen einen Namenstag zu widmen. Während die Ostkirche dieses allgemeine Gedenken am ersten Sonntag nach Pfingsten begeht, einigte man sich in den westlichen Kirchen auf den 1. November.

Allerseelen, der Tag des Gedenkens an alle verstorbenen Gläubigen (lat. *in commemoratione Omnium fidelium defunctorum*) ist der Erinnerung jener Toten gewidmet, die der römisch-katholischen Kirche angehörten. Die evangelisch-lutherische Kirche nennt diesen 2. November den

[33] Präfation ist ein Teil der heiligen Messe, der das Hochgebet eröffnet.

«Gedenktag der Entschlafenen», der teilweise ebenfalls gottesdienstlich gefeiert wird.

Mit dem Schmücken der Gräber, dem Anzünden von Kerzen und Weiheumgängen auf den Friedhöfen gedenken wir unserer Toten. Diese christliche Tradition ist seit dem späten 16. Jahrhundert belegt. Dass sie traditionell am Gedenktag der Heiligen begangen wird und nicht am Tag von Allerseelen verdanken wir der profanen Tatsache, dass der 1. November ein gesetzlicher Feiertag ist, an dem die Gläubigen von ihren alltäglichen Verpflichtungen befreit sind und Zeit haben, auf die Friedhöfe zu gehen.

Mit Gräberumgängen und Gebeten erinnern wir uns all unserer Lieben, die nicht mehr mit uns sind. Aber wir ehren damit auch unsere Ahnen, all jene, die vor uns waren und auf deren Schultern unsere Existenzen aufgebaut sind. Dabei bitten wir um die Erlösung ihrer Seelen im Jenseits, in der Hoffnung, auch selbst einst unseren Frieden zu finden.

Die Vorstellung des Christentums von einem Fegefeuer, des Purgatoriums, in dem die Seelen der Verstorbenen durch Läuterung auf ihre Erlösung warten, geht auf die bereits antike Vorstellung der reinigenden Kraft der Elemente zurück. Das Leid dieser Seelen führt die christliche Glaubenssicht übrigens nicht auf die Pein der sengenden Feuersbrunst zurück, wie so oft in bildhaften Darstellungen vermittelt wird, sie entsteht vielmehr aus der quälenden Sehnsucht nach der erlösenden Nähe zu Gott. Angehörige – so die Glaubensüberzeugung – können durch Gebete, Geldspenden und das Lesen von Messen auf die Verweildauer des Verstorbenen im Fegefeuer Einfluss nehmen. Bereits ein alter Spruch verrät:

«Die Münze in den Beutel springt,
die Seele in den Himmel schwingt.»

8.2 Volksglaube – Halloween

Speisen auf die Gräber zu legen, war bereits in vorchristlicher Zeit üblich[34]. Im Volk hat sich daher der Brauch des Backens von «Totenbroten» gehalten, auch wenn er heute fast nur noch als «Pan de Muerto» in der mexikanischen Totentradition gebräuchlich ist.

Früher deckte man auch bei uns in der Nacht von Allerheiligen zu Allerseelen den Tisch für die Verstorbenen mit. Die Bewirtung der «armen Seelen» ist durch das Seelenbrot festgehalten. Es galt zusammen mit Wein einerseits als Gabe an die Toten, andererseits wurde es nach den Messen als Almosen an die Armen verteilt. «*Vergelt's Gott für die arme Seele*» war der Dankspruch des Empfängers, der zugleich als Bittgebet für den Spender galt.

Da Allerheiligen als einer der «stillen» Feiertage gilt, ist an diesem Tag in christlichen Bereichen jede Tanz- und Musikveranstaltung, jeder Markt, jedes Volksfest und jede Messe verboten. Aus

[34] In Mexiko feiert man bis heute das aus einer Vermischung indigener Traditionen mit christlichen Lehren bestehende Totenfest *Dia de Muertos*, mit Essen und Trinken an den Grabstätten der Toten.

diesem Grund haben sich hier sehr wenige Volksbräuche etabliert. Die meisten beziehen sich auf die Friedhofsumgänge und das Schmücken der Gräber. Hierbei werden Kerzen als «ewige Lichter» entzündet. Sie sind genau wie Blumen und immergrüne Kränze Symbol für ein Weiterleben nach dem Tod.

Der Volksglaube war jedoch – gerade in der Zeit des Mittelalters – nicht frei von abergläubischen Vorstellungen. So war man überzeugt, dass in der Nacht zu Allerseelen die Unerlösten das Fegefeuer verlassen durften, um sich von den dort erlittenen Qualen zu erholen. Deshalb mied man nach Einbruch der Dunkelheit Friedhöfe, Gottesäcker, Galgenhügel oder sonstige Orte, die mit dem Tod in Verbindung standen, um sich nicht der Gefahr auszusetzen, einem Aufhocker oder Wiedergänger anheimzufallen.

Generell war die Angst vor allerlei Gefahren, die von Verstorbenen ausgingen, weit verbreitet. Der Glaube, dass Tote an den Ort ihres irdischen Wirkens zurückkehren oder Untote sich aus ihren Gräber erheben könnten, war in den Gedanken der Menschen fest verankert.

Aus diesem Grund wurden auch Friedhöfe meist mit hohen Mauern umgeben, um die Grenze zwischen dem Diesseits und dem Jenseits zu stärken. Bepflanzt wurden sie mit immergrünen Gewächsen – meist Efeu, als Sinnbild des Lebens sowie im Inneren der Friedhöfe mit Thuja und Bux, die der Abwehr von Hexen, Dämonen und Wiedergängern dienten.

Das Gerücht, *Halloween* sei eine rein amerikanische Erfindung, die als Kommerzidee über den Großen Teich zu uns nach Europa geschwappt wäre, hält sich leider mit notorischer Hartnäckigkeit. Auch wenn wir inzwischen darüber streiten können, ob die Verkleidungslust der Feiernden in dieser Nacht nicht eher einem Faschings- oder Karnevalsumzug ähnelt, als einem Totengedenken, finden sich seine Wurzeln auf unserem eigenen Kontinent. Der Begriff *Halloween* leitet sich von der englischen Bezeichnung für Allerheiligen «*All Hallows‘ eve*» oder «*evening*» ab und meint den Abend bzw. die Nacht von Allerheiligen zu Allerseelen.

Es waren vor allem irische Auswanderer, die ihre Bräuche und Traditionen im 19. Jahrhundert mit in die USA brachten. Ihnen liegt die Vorstellung zugrunde, dass in der Nacht vom 31. Oktober auf den 1. November die Tore (*Sidhe*) zwischen den Welten geöffnet waren und die Geistwesen das Reich der Lebenden betreten konnten. Verkleidungen als Dämonen, Untote und Wiedergänger schützten davor, von den Andersweltwesen erkannt und in ihr Reich entführt zu werden.

Auch die Sitte, dass Kinder von Tür zu Tür gehen und um Süßigkeiten betteln, gründet in der alten Glaubensvorstellung bzw. im Kontext früherer Gesellschaftsordnungen. «*Trick or Treat*» – Süsses oder Saures, war eine Bitte um Almosen. Im Gegensatz zu Gutsherren und Bauern, die ihre Erträge und Ernten aus Feldern und Äckern einlagern konnten, war es Mittellosen oder Leibeigenen nicht möglich, Nahrungsmittel oder sonstige Vorräte für die kalte Jahreszeit zu sammeln. Entgelt für ihre Tätigkeiten auf Höfen und Feldern gab es in der Regel nur in Form von Naturalien, d.h. Arbeit gegen Essen. Gab es keine Arbeit mehr zu tun, gab es auch keine Nahrung.

Das Verteilen von Allerseelenkuchen, die Entrichtung eines Obolus oder einer Spende waren also, nach dem damaligen Verständnis, soziale Handlungen und zugleich auch eine Art spirituelles Vermächtnis, weil man sich von derart «*milden*

Gaben» einen Vorteil im Jenseits versprach. Der Almosenempfänger versprach als Gegenleistung dafür ein Gebet für das Seelenheil des Spenders zu sprechen.

Begründet in einer alten Überlieferung liegt auch das Aufstellen ausgehöhlter Kürbisse mit brennenden Kerzen im Inneren.

Nach einer irischen Sage lebte einst ein Hufschmied namens «*Jack O'Lantern*». Er war ein übler Kerl, ein Säufer, der Frau und Kinder schlug und niemals ein ehrliches Wort über seine Lippen brachte. Zweimal gelang es ihm, den Teufel zu überlisten, und so rang er ihm am Ende das Versprechen ab, auf ewig vom Versuch abzulassen, ihn zu holen. Als Jack's irdische Existenz jedoch zu Ende war, verwehrten ihm die Engel aufgrund seines liederlichen Lebenswandels den Zutritt zum Himmel. Aber auch der Teufel erinnerte ihn am Höllentor an das gegebene Wort und schickte ihn wieder zurück auf die Erde. Aus Mitleid gab er ihm jedoch ein Stück glühender Kohle, damit er in der kalten Herbstnacht ein wenig Licht und Wärme fand. Diese legte Jack in eine ausgehöhlte Zuckerrübe und so wandert er mit dieser Laterne bis heute jede *Samain*nacht durch die Welt, um einen

Platz zu suchen, an dem seine ruchlose Seele endlich ihren Frieden findet.

Heute finden eher die leuchtend orangeroten Kürbisse Verwendung, die in Form und Farbe an die Kraft der Sonne erinnern. Die eingeschnitzten Dämonenfratzen gehen auch hier wieder auf die alte Glaubensvorstellung der Abwehr böser Geister zurück.

8.3 Heidnische Wurzeln – Samain

Samain gehört zu einem der vier Hochfeste[35] des keltischen Jahreskreises. An ihm sind nicht nur die *Side*, die Feenhügel oder die Tore zwischen der diesseitigen und der jenseitigen Welt geöffnet, sondern auch die Grenzen der Zeit. Jetzt beginnt die dunkle Zeit – die Zeit des Winters.

Aus der keltischen Mythologie sind zwei Begriffe für Zeit überliefert. Der eine beschreibt die gemessene Zeit – wie auch wir sie heute kennen. Der andere aber kennzeichnet einen Begriff für eine «ungemessene», eine «unberechenbare» Zeit. Er beschreibt einen Raum, der sich von beiden Seiten öffnet. Ähnlich einem Korridor, den man durchschreitet, sobald man eine Türe hinter sich schließt, solange bis sich die nächste Tür zu einem neuen Raum hin öffnet.

Mit *Samain* beginnt eine Phase, die zwischen den Zeiten liegt – ähnlich der Vorstellung unserer Ahnen von den alpenländischen Raunächten.

Diese Zeiten fallen aus unserer irdischen Berechnung heraus, was sie zu Phasen der Gefahr,

---

[35] Die vier Hochfeste des keltischen Jahreskreises sind: *Imbolc, Beltaine, Lugnasad, Samain*. Die Vorstellung von acht Kreisfesten hat sich erst durch die Rituale neopaganistischer Gruppierungen etabliert.

aber auch der Möglichkeiten macht. Sie vermitteln einen Hauch von Ewigkeit, von Jenseitigem, von Über- und Unterirdischen – von allem also, was sich unserer Kontrolle und unserer Bestimmung entzieht.

Hier zeigt sich, warum für unsere heidnischen Vorfahren ein Fest, nicht für einen einzigen Tag bestimmbar war und es auch nicht – wie heute oft unterstellt – allein um Ausgelassenheit, Sexualität, Fruchtbarkeit und Völlerei ging. Es ging um mehr: um ein Eingebundensein in ein größeres Ganzes.

Samain öffnete die Türe zur zeit-losen Zeit. Die Aktivität der Menschen endete, was jetzt kam, lag in den Händen der dunklen Mächte.

Cromm Cruach galt als der Totengott der irischen Kelten. Sein Name bedeutet «Blutiger Kopf». Als anthropomorphischer Gott verkörperte er Eigenschaften von Göttern, Menschen, Tieren und Naturgewalten. Er galt als Herrscher der Unterwelt, der der Welt der Menschen Fruchtbarkeit verlieh. Dazu bedurfte es jedoch gewisser Gaben. Diese bestanden nicht nur aus den Früchten der Erde, sondern auch Tier- und Menschenopfern. Wenn sich an *Samain* die Tore zur Unterwelt öffneten, erwartete er das Opfer der Erstgeborenen. Manche Quellen berichten davon, dass in Jahren der Missernten bis zu zwei Drittel aller erstgeborenen Söhne diesem Ritual geopfert wurden. In späterer Zeit wurde es durch Tieropfer, noch später durch Naturalien ersetzt.

Die religiöse Praxis der Kelten – und damit generell unserer heidnischen Vorfahren – umfasste immer kultische und magische Verrichtungen, die in der Regel aus Opfer, Gebet und Weissagung bestanden.

Da es jedoch keine schriftlichen Aufzeichnungen über die Frühgeschichte gibt, nähren sich die heutigen Informationen aus den Quellen der Mythen und Sagen, aus Berichten historischer Autoren und den Rückschlüssen archäologischer Funde.

Aus dem Jahr 700 vor Christus ist überliefert, dass es ein «*Großes Fest von Tara*» gab, einer der wichtigsten altirischen Versammlungen. Ein gewaltiges Feuer, das auf einem Hügel entzündet wurde, sollte vor der Macht des eisigen Winters und den bösen Geistern der Unterwelt schützen. Menschen und Tiere schritten durch dieses Feuer hindurch und Teile der Glut nahm man mit nach Hause, um dort das eigene Herdfeuer zu entfachen.

In der Welt der keltischen Märchen und Mythen finden sich unzählige Überlieferungen über die *Morrigan*, die keltischen Totengöttin, der *Großen Königin*, wie sie auch genannt wird. Durch sie sind die Attribute Krieg, Kampf und Sexualität verkörpert. In der *Samain*nacht durchschreitet sie den Feennebel, der die Weltengrenzen auflöst und betritt in ihrer menschlichen Gestalt das Reich der Lebenden.[36] Der junge Mann, der ihren Reizen nicht zu widerstehen vermag, ist am Ende der Nacht dazu auserkoren, ihr in die Anderswelt zu folgen, um dort ein Jahr lang ihr Gefährte zu sein. Da die Zeitenrechnungen zwischen den Welten jedoch unterschiedlich sind, kann ein Jahr im Reich der Feen für einen Menschen mehrere Jahrzehnte, vielleicht sogar ein ganzes Leben bedeuten. Deshalb berichten viele Märchen und Sagen davon, dass Menschen, denen ein Aufenthalt in der Anderswelt wie einige wenige Wochen vorkam, in Wirklichkeit eine Zeitspanne, weit mehr als ein Menschenleben, darin verbrachten. Bei ihrer Rück-

---

[36] «*Tamlaine und die Morrighan*» – ein keltisches Märchen berichtet von einer jungen Heldin, die den Kampf mit der Feenkönigin um die Liebe eines Mannes aufnimmt.

kehr waren sie oftmals mit der Gabe der Hellsichtigkeit oder der Heilung gesegnet.[37]

Die *Morrigan* erscheint jedoch nicht nur als schöne, verführerische Frau. Nach kriegerschen Auseinandersetzungen nahm sie die Gestalt einer Krähe an und sammelte gemeinsam mit ihren Totengeistern auf den Schlachtfeldern die Seelen der gefallenen Krieger.

Eine weitere Erscheinung aus dem Totenreich ist die *Banshee*, die «Frau aus den Hügeln». Sie ist die Toten- und Geisterfrau aus der Anderswelt, deren Auftauchen einen nahenden Tod ankündigt. Man trift sie auf Weggabelungen und an den Ufern von Seen und Flüssen, an denen sie die Totenhemden wäscht. Der Überlieferung nach besitzt jede Familie ihre eigene *Banshee*. Wenn sie warnt, klingt ihre Stimme laut und kreischend. Sanft und tröstend ertönt sie jedoch, sobald sie die Seelen im Totenreich willkommen heißt.

---

[37] «*Thomas der Reimer*» berichtet von einem jungen Mann, der für einen Kuss der Feenkönigin in die Anderswelt folgte und erst viele Jahres später wieder zurückkehrte. Sein trauriges Los war, dass er in seinen Gedichten die schweren Schicksale seiner Mitmenschen voraussagte und sich in ewiger Sehnsucht nach seiner Liebsten verzehrte.

In schottischen Überlieferungen wäscht sie die blutverschmierte Kleidung oder die Rüstung der gefallenen Krieger.

Feen waren nach heidnisch-keltischer Vorstellung also weit mehr, als «nur» diese zauberischen zarten Wesen, als die sie uns heute in verschiedenen Märchenadaptionen geschildert werden. Sie waren sicherlich auch nicht ein kriegerisches Volk winziger Soldaten, derer sich die Fantasyliteratur inzwischen bedient. Feen, Elfen, Zwerge und Gnome waren Repräsentanten der jenseitigen Welt, einer zeitlosen Existenz, die in den alten Grabhügeln wohnten und über die Verstorbenen wachten. Sie waren kosmische Erscheinungen – über die irdische Zeit erhaben. Insofern umfasste und beeinflusste ihre Erscheinung auch alle Bereiche der menschlichen Existenz – vom Segen bis zum Fluch, von der Geburt bis zum Tod.

Totenfeste und Gedenkfeiern sind auch aus der Antike überliefert. In Griechenland feierte man das alljährliche Totenfest «*Genesia*» zum Gedenken aller verstorbenen Angehörigen. Bis ins 6. Jahrhundert wurde es wohl ausschließlich von aristokratischen Familien gefeiert, bis es zu einem offiziellen, staatlichen Fest ernannt wurde. Über die rituellen Handlungen ist wenig überliefert. Man nimmt jedoch an, dass der Erdgöttin *Gaia* Fruchtopfer dargebracht wurden.

Als «*Mundus pate*t»[38] wurden im alten Rom die Tage bezeichnet, an den ebenfalls die Tore zur Unterwelt geöffnet waren. Entsprechend der damaligen Weltsicht war die Erde keine Kugel, sie bestand aus einem Boden, der die diesseitige Welt von der unteren, jenseitigen trennte. Das Fest fand dreimal jährlich statt: mit Beginn der Erntezeit im August, im Oktober und im November. In dieser Zeit durften keine Schifffahrten, keine Hochzeiten und keine militärischen Aktionen ausgeführt werden.

---

[38] «Mundus patet» = «die Erde steht offen»

9. Zeitlose Zeit

9.1 Wintersonnwende

Auf der Nordhalbkugel findet am 21. oder 22. Dezember die Wintersonnenwende statt. Die Erde neigt sich – im Gegensatz zum Sommer – von der Sonne weg. Dadurch hat sie jetzt die geringste Mittagshöhe. Die Nacht währt am längsten, der Tag am kürzesten.

Für unsere Ahnen war dies eine bedrohliche Zeit – die Zeit der größten Dunkelheit, der bittersten Kälte, des Ausgeliefertseins an die Gewalten der Natur. Jetzt musste sich beweisen, ob die eingelagerten Vorräte reichten, ob die Häuser den nötigen Schutz boten oder die Menschen gesund und rüstig genug waren, um diese Tage und Nächte zu überstehen.

Der Winter brachte Gefahren mit sich, denen der Mensch alleine nicht trotzen konnte. Er war auf die Unterstützung der Gemeinschaft angewiesen und auf die Gnade der schicksalhaften Mächte.

Astrologisch gesehen wandert die Sonne nun in das Tierkreiszeichen des Steinbocks. Nüchternheit, Geduld, Ausdauer, Demut und Genügsamkeit sind die diesem Zeichen zugeordneten Attribute. Der Archetypus des Steinbocks repräsentiert die höhere Ordnung, die das gesellschaftliche Miteinander regelt. Hier zählen nicht die individuellen, persönlichen Ansprüche, sondern die innerhalb einer Gemeinschaft notwendige Fähigkeit sich selbst zurückzunehmen, um das Überleben und die Sicherheit aller zu gewährleisten. Dies bedingte für unsere Vorfahren auch, dass in dieser Zeit die körperlichen Aktivitäten zurückgeschraubt wurden. Unnötige Arbeiten wurden eingestellt. Die Natur ruhte und damit auch der Mensch, der sich, als untrennbarer Bestandteil, an ihr ein Beispiel nahm. Niemand forderte jetzt das Schicksal heraus – niemand setzte seine Gesundheit oder gar sein Leben aufs Spiel, denn wenn der Stärkste der Gemeinschaft geschwächt war oder verloren ging, war die Sicherheit aller gefährdet. Jetzt galt es, auf die Zeichen der Zeit zu achten. Auf das genaue Einteilen der Vorräte, das Knarzen und Knarren im Gebälk der Häuser und Hütten, ob sie den Schneelasten standhalten würden, auf das Heulen und Singen des Windes, das neue Schneestürme und Wintergewitter ankündigte, vor denen man sich schützen musste. Niemand verließ das Haus, wenn er nicht musste und niemand – weder

Mensch noch Tier noch Pflanze – vergeudete unnötige Kraft.

All dies war eine notwendige Überlebensstrategie. Bei Schnee und Kälte mit nur wenigen Stunden Licht war die Existenz auf den abgelegenen Höfen und Siedlungen nur in der Gemeinschaft möglich. Wer jetzt nicht sozial-verantwortlich dachte und handelte, war dem Untergang geweiht. Wenn die Sonne als größte Licht- und Wärmequelle sich rar machte, Düsternis, Eis und Schnee über dem Land lagen, musste man zusammenrücken, sich an für alle geltende Regeln halten und man benötigte Vertrauen in eine höhere Ordnung, die dafür sorgte, dass das Leben wieder seinen gewohnten Gang gehen würde, wenn die Zeit dafür reif war.

Aber diese Ordnung verlangte im Gegenzug, dass man sie einhielt, dass man nicht gegen die natürlichen Kreisläufe agierte und vor allem nicht gegen das Leben selbst, weshalb in der Zeit der Raunächte auch keine Tiere gejagt oder geschlachtet werden durften.

Saturn, der Herrscherplanet des Steinbockzeichens, ist der Herr bzw. die Herrin über die irdische Zeit. Er verkörpert in seiner männlichen

Erscheinung den Sensenmann, den Hüter der Schwelle, der über die Grenze vom Diesseits zum Jenseits wacht. Die ursprünglich weibliche Form zeigt sich in Gestalt der *Hel*, der *Percht* oder der *drei Bethen*, der alten weisen Frauen, die in den Tiefen der Brunnen und an den Wurzeln der Bäume an den Spinnrädern der Zeit sitzen und die Geschicke der Menschen lenken, indem eine von ihnen den Lebensfaden spinnt, die zweite ihn bemisst und die dritte ihn schließlich schneidet.

Kein Wunder also, dass sich gerade für diese Zeit besonders viele und scheinbar strenge Verhaltensmaßregeln im alltäglichen Miteinander entwickelten.

In all unseren Bräuchen und Traditionen rund um Weihnachten spiegeln sich noch diese alten Weltsichten und mythologischen Glaubensvorstellungen unserer Ahnen. Wir feiern noch immer die Wiedergeburt des Lichts, der Hoffnung und der Zuversicht. Wir warten sehnsuchtsvoll darauf, dass die Tage wieder länger werden und die Strahlen der Sonne uns wieder Kraft und Wärme spenden.

Dennoch scheint es, ist uns über die Zeit die Fähigkeit des Zurücknehmens verlorengegangen, die Bereitschaft, den Stillstand anzunehmen und wenigstens für eine Weile nicht nach Wachstum und Optimierung zu streben. Unser Alltag ist darauf ausgerichtet, geplant und strukturiert zu werden. Jede Art von Stillstand ängstigt uns, weil sie unseren Lebensplänen und -absichten entgegenzustehen scheint. In einer Welt, in der alles plan- und machbar erscheint, ist Passivität nicht gefragt. Rückzug und Innenschau, Gebet und Meditation, werden bestenfalls zu trendigen Events oder einem «must do» auf unseren Bucketlists erklärt. Wir vertrauen nicht mehr auf eine höhere Ordnung – wir vertrauen allein unserem Denken und Handeln. Aber vielleicht fällt es uns gerade deshalb so schwer, mit Krisen umzugehen. Zugegeben, es mag ein schmaler Grat sein zwischen dem Vertrauen auf das Schicksal und der Aktivität, die erforderlich ist, notwendige Dinge zu tun.

Je weniger die Menschen aber an schicksalhafte Fügungen glauben können, umso mehr stehen sie unter dem Druck, alle Geschicke selbst lenken zu müssen. Die häufig in neo-esoterischen Kreisen verbreitete Sichtweise, dass allein unser Denken bestimmt, was uns begegnet oder geschieht, erweist sich meist als verhängnisvoller Irrweg in Selbstüberschätzung und Selbstüberforderung.

Wir vertrauen nicht mehr auf die natürlichen Kreisläufe von Werden und Vergehen. Wir verfallen mehr und mehr dem neoliberalen Mantra, nachdem alles einem permanenten Weg folgen muss, der ausschließlich nach vorne bzw. nach oben führt. Und nur der- oder diejenige, die ihn aktiv beschreitet, kann ein erfolgreiches, erfülltes und glückliches Leben führen.

Das Geheimnis der Raunächte lag und liegt aber auch heute noch darin, innezuhalten, Aktivitäten und Planungen ruhen zu lassen, in die Stille zu lauschen und zu warten, auf das, was kommt. Mensch und Natur brauchen diese Phasen der Ruhe, der Erholung und des Sammelns neuer Kräfte. Aber nicht nur das, diese ursprüngliche Bedeutung der Raunächte verlangt auch eine gewisse Demut einer höheren Ordnung gegenüber, über die Menschen keine bewusste Macht besitzen.

Der in Bayern übliche Begriff der «staaden Zeit» beinhaltet dieses Stillhalten. Es leitet sich ab vom lateinischen *«statio»* = statisch, der *Station* also, an der alle Räder stillstehen: das Rad der Sonne, aber eben auch, das Rad der Zeit. [39]

---

[39] Mehr zum Thema Raunächte s.a. Ilona Picha-Höberth «Zeit-Los – Mystik und Magie der Raunächte», creAstro-Verlag, Wasserburg 2019

9.2 Christliches Weltbild – Weihnachten

Christen in aller Welt feiern diese Zeit als Weihnacht, die Zeit der Geburt Christi. Gott sandte seinen eigenen Sohn auf die Erde, geboren von einer jungfräulichen Mutter, in den ärmsten Verhältnissen eines Stalles. Ein Außenseiter der Gesellschaft und eine Bedrohung für die bestehende Ordnung der herrschenden Systeme.

Dieser neu geborene Jesus ist für die Gläubigen das Sinnbild einer neuen Religion, der Hoffnung auf eine neue Zeit, in der eine andere, bessere Weltordnung anbricht.

Vorbereitend auf diesen Moment begehen die Christen die Zeit des Advents[40], eine Phase der Erwartung. Papst Gregor bestimmte diese vier Wochen vor Weihnachten, in der die Menschen auf die Ankunft ihres Erlösers warteten.

Den Heiligen Abend feiern wir heute am 24. Dezember. Der Legende nach befanden sich die hochschwangere Maria und ihr Begleiter Josef vor mehr als 2000 Jahren auf dem Weg zur Volkszählung nach Bethlehem. Nachdem sie keine Herberge

---

[40] Advent: lat. adventus = Ankunft, Vorbereitung auf die Ankunft des Herrn (adventus domnini)

finden konnten, suchten sie Schutz in einem Stall, in dem Maria schließlich das Kind gebar. Nur Ochs und Esel[41], so heißt es, seien Zeugen dieses Vorgangs gewesen. Oben am nächtlichen Himmel jedoch erschien als Zeichen der hohen Geburt ein Komet, der zuerst die Hirten und schließlich auch die Heiligen Drei Könige zu dem neuen Weltenherrscher führte.

---

41 Ochs und Esel sind in diesem Zusammenhang Symbole für die herrschenden religiösen Lehren, in der Hauptsache das Judentum und alle heidnischen Glaubensrichtungen, deren Ende durch die Geburt eines neuen Religionsstifters und Heilsbringers prophezeit wurde.

9.3 Volksglaube – Dämonen des Winters

Wie an vielen anderen, in unserem Kulturkreis begangenen christlichen Feiertagen mischt sich auch oder gerade in der Weihnachtszeit klerikale Überlieferung mit den Traditionen und Glaubensvorstellungen unserer Ahnen.

So sind über die Jahrhunderte viele Bräuche erwachsen, deren Wurzeln weit mehr im Volksglauben liegen als in den anerkannten religiösen Lehren. Dennoch scheint die Verbindung dieser Handlungen den Glaubenssätzen der Kirche nicht entgegenzustehen. Sie integrierte jedes Symbol – ob immergrünes Nadelwerk, Baumschmuck oder bunt verpackte Gaben – in religiöse Bedeutungen. So wird eine rote Baumkugel, genauso wie das rot gefärbten Osterei, zum Sinnbild für das Blut Christi und aus den Weihnachtsgeschenken symbolische Erinnerungen an die Gaben der Heiligen Drei Könige.

Ob es jedoch um den immergrünen Adventskranz, den geschmückten Weihnachtsbaum oder die Geschenke geht, die wir an den Festtagen verteilen – die Ursache für derartige kulturelle Traditionen steht dem Aberglauben aus dem Volk oder dem heidnischen Naturglauben meist näher als den bibischen Legenden.

Hinter vielen in dieser Zeit verehrten Märtyrern spiegeln sich heidnische Gottheiten und heute als Aberglaube angesehene Bräuche und Verhaltensregeln gründen in der Weltsicht unserer Ahnen.

Die Vorstellung von Wintergeistern und Dämonen, die ausgetrieben werden müssen, erkennen wir bereits im düsteren Begleiter des heiligen Nikolaus‘, dem *Krampus*. Während die Christen in der Erscheinung des Nikolaus einen Bischof aus Myra aus dem 3./4. Jahrhundert verehren, dessen Mythos ihn zu einem Bewahrer und Hüter unschuldiger Kinder macht, wurde der mit schwarzen Fellen und Ketten behängte *Krampus* der Inbegriff des Kinderschrecks. Er ließ die Kleinen seine Rute spüren und steckte sie in seinen Sack als Strafe für Ungehorsam und Eigensinn den Eltern gegenüber. Auch wenn diese Symbolfigur lange Zeit im Sinne einer schwarzen Pädagogik missbraucht wurde, verkörpert sie immer noch die alten Glaubensvorstellungen, wonach der Mensch aufgefordert ist, die höhere Ordnung zu respektieren, um nicht das Wohl aller zu gefährden, bzw. seine eigene Sicherheit aufs Spiel zu setzen.

In alpenländischen Gegenden wird bis heute der Brauch des *Perchten*treibens zelebriert. Eine mit Teufelsmasken und Fellen verkleidete Horde Männer – und inzwischen auch Frauen – zieht über Dorfplätze und zu abgelegenen Höfen, um dort im Fackelschein ihre wilden Tänze rund um einen vorab aufgezeichneten Drudenfuß aufzuführen. Was heute meist ein touristisches Spektakel auf städtischen Weihnachtsmärkten darstellt, gründet auf alten Bräuchen und Überlieferungen. Wenn sie auch, trotz des Namens, nicht in unmittelbarem Zusammenhang mit den alten Mythen um die *Percht* stehen, da sie erst ab dem 16. Jahrhundert Erwähnung finden, verkörpern die *Perchten*pässe doch die Dämonen des Winters und damit die Gefährlichkeit dieser Jahreszeit. Sie erinnern daran, wie sehr der Mensch den Gewalten der Natur ausgeliefert ist.

Die gesamte Weihnachtszeit ist durchzogen von der Bedrohung durch die Dunkelheit und der Hoffnung auf Licht und neues Leben.

Der Nikolaus und sein düsterer Begleiter symbolisieren durch ihren segnenden (schenkenden) und zugleich strafenden Charakter die Züge der gebärenden und verschlingenden weiblichen Urkraft. Im *Krampus*, der auch «*Pelzmärtl*» oder «*Knecht Ruprecht*» genannt wird, erkennen manche Matriachatsforscher den dunklen Begleiter der Großen Muttergottheit, die in der Hohen Frau *Percht* verehrt wird. Laut etymologischen Quellen bezieht sich der Name «*Ruprecht*» auf die alt- bzw. mittelhochdeutsche Bezeichnung «*Frowe*» für Frau und bezeichnet demnach einen «*Diener (Knecht) der Frau Percht*».

Der Sack, den er bei sich trägt, wird zum Sinnbild für den Uterus der kosmischen Mutter, aus dem alles Leben stammt, in den aber auch alles Leben wieder zurückkehrt. Die abgestorbenen Zweige seiner Rute verkörpern den lebensfeindlichen und zerstörerischen Aspekt der kosmischen Urkräfte.

Archetypische Zusammenhänge finden sich aber auch in allen anderen Heiligen, die in der Winterzeit verehrt werden. Angefangen von *Katharina*, *Barbara* und *Margareta*, in der uns die drei keltischen *Bethen* wieder begegnen, über die Lichterheiligen *St. Lucia* und *Otilia*, bis hin zum Heiligen *Thomas*, dessen Namensfest früher am 21. Dezember, zur Wintersonnwende, begangen wurde – überall finden sich Spuren der alten Gottheiten heidnischen Glaubens und der Weltbetrachtungen unserer Ahnen. [42]

In den Weihnachtsbräuchen bleiben diese Erinnerungen lebendig.

Die heilige *Lucia* gilt heute als Schutzpatronin der Armen und Blinden, der reuigen Dirnen, Glaser, Weber und Schreiber. Sie wird besonders in den skandinavischen Ländern verehrt und angerufen bei Augenleiden, Blindheit und allen Kinderkrankheiten. Ihr Gedenktag wird am 13. Dezember gefeiert. Und genau das weist sie als Mitwinterfrau aus. Die Mitte dieses Monats bezeichnet den ursprünglichen Zeitpunkt der Sonnwende, weshalb ihre Erscheinung den Schnittpunkt zwischen Licht und Dunkel markiert. In ihr sah man die doppelgesichtige Erscheinung der alten *Percht*. Und auch in der christlichen Vorstellung behielt sie diese ambivalenten Attribute der Polarität, weshalb sich im Volksglaube die Überzeugung festigte, dass sich am Namensfest Lucias Orakel befragen ließen oder sich die Hexen eines Ortes offenbaren würden. In manchen

[42] Mehr zu den Verbindungen zwischen heidnischen Gottheiten und christlichen Heiligen s. a.: Ilona Picha-Höberth, «Zeit-Los – Mystik und Magie der Raunächte», creAstro-Verlag, Wasserburg 2019

Gegenden von Niederbayern und der Oberpfalz droht man den Kindern noch heute mit der «bluadigen Luz‘ mit dem Messer», die den Unartigen die Bäuche aufschlitzt, um ihre Gedärme zu entreißen. Lügnern würde sie die Zunge abschneiden und schlampige Mägde beschimpfen.

Heute kennen wir sie fast ausschließlich nur noch als Lichterfrau. Am Abend ihres Gedenktages ziehen in manchen flussnahen Gegenden, so z. B. in Fürstenfeldbruck oder Wasserburg am Inn, weißgekleidete Kinder an die Ufer, um brennende Kerzen auf Baumstämmen den Wogen zu übergeben. Dieser Brauch soll den Ort vor Hochwasser und Überschwemmungen schützen.

Ein inzwischen offiziell «entthronter», weil in seinem Gedenken auf den Sommer verschobener, Winterheilige ist *Thomas*. Aus dem Volksglauben konnte man ihn allerdings nicht so leicht verbannen, wie aus dem Kalender. Hartnäckig hält sich der Begriff der «*Thomas*nacht» für die Wintersonnwende. In vielen Bräuchen spiegelt sich seine Verbindung zwischen Volksglaube und Mythos. So nannte man ihn oft den «*Dammerl mit dem Hammerl*». Er würde, so glaubte man, in dieser Nacht mit seinem Hammer durch die

Gegend ziehen und all jenen Männern auf den Kopf schlagen, die gewalttätig zu ihren Frauen und Kindern seien. So scheint der Heilige, der im christlichen Sinne als der Zweifler unter den Anhängern Christi galt, sich mancherorts als Patron und Schützer der Frauen etabliert zu haben. Das zeichnet ihn als Diener der hohen Frau *Percht* aus.

Aber auch *Thomas* haftet der Habitus der Doppelgesichtigkeit an. In der längsten Nacht des Jahres geht es um Gefahr und Hoffnung zugleich – aber auch um den Blick ins Diesseits und Jenseits. Deshalb wurde seine Nacht, ebenso wie die der *Lucia*, zur Orakelnacht erklärt. Besonders für heiratswillige Mädchen war sie von größter Bedeutung.

Betschemel i tritt di!
Heiliger Thomas i bitt di!
Lass zu sehen sein,
den Herzallerliebsten mein!

lautete das Gebet der Jungfrauen, während sie in ihrer penibel geputzten Schlafkammer, nackt auf einem Holzschemel stehend, darauf warteten, dass der erste Mann, der an ihrem Fenster vorüberginge, ihr zukünftiger Ehemann sei.

Etwas unspektakulärer erscheint da schon der Brauch des Apfelschälens: Die Schale solle mit einem Messer in einem Stück von der Frucht geschält werden. Mit geschlossenen Augen, hinter die linke Schulter geworfen, solle sie am Boden liegend die Form des Buchstabens annehmen, mit dem der Vorname des Zukünftigen beginnt.

Genau wie *Lucia* war auch *Thomas* auf manchen Höfen der Tag, an dem die sogenannte «Mettensau» geschlachtet wurde, deren Fleisch man zu den Feiertagen verzehrte. Es war die letzte Schlachtung, ehe das Töten von Tieren während der Raunächte verpönt war, da es den strafenden Zorn der alles Leben hütenden *Percht* hervorgerufen hätte.

Nicht nur den Zorn der *Percht* zogen diejenigen auf sich, die während der Raunächte Wäsche wuschen oder gar zum Trocknen nach draußen hingen. Die Totengeister, welche den Zug des *Wode*s begleiteten, würden sich darin verfangen, so sagte man, was den sicheren Tod des Eigentümers im neuen Jahr zur Folge hätte.

In der Zeit der Raunächte durften weder Haare noch Fingernägel geschnitten werden, weil man fürchtete, den eigenen Lebensfaden abzuschneiden oder zumindest die Gesundheit zu gefährden. Die Begründung hierfür lag in der Beobachtung der natürlichen Kreisläufe: Da der Säftefluss in den Bäumen erstarrt war, glaubte man auch an eine Schwächung der zirkulierenden Säfte im Menschen.

Um auch die Pflanzen an ihre wiederkehrende Vitalität zu erinnern, schickte man in der Weihnachtszeit im bäuerlichen Umfeld eine («unbescholtene») Magd nach draußen, um die Stämme zu schütteln. Aus dem Chiemgau ist ein ähnlicher Brauch überliefert: das «Baumbusseln». Dort waren es die Kinder, die nach draußen gingen, um die Baumrinden zu küssen, um dadurch den Stämmen neues Leben einzuhauchen.

Bäume waren und sind die wichtigsten Symbole der Menschheit. Wir finden sie in nahezu jeder Glaubensrichtung, in jeder spirituellen Lehre und in allen mythologischen Überlieferungen. Sie sind das Verbindungsglied zwischen Menschen und Göttern, zwischen Erde und Himmel.[43] In den vorchristlichen Glaubensvorstellungen unserer Ahnen

---

[43] Zur Symbolik des Baumes s. a. Ilona Picha-Höberth, «Dunkles Land», S. 183 ff, creAstro-Verlag, Wasserburg 2016

waren sie die Wohnstätten der Großen Muttergottheiten.

Gerade als immergrüne Nadelbäume waren sie Sinnbilder des ewigen Lebens, der alles durchdringenden vitalen Kräfte, die selbst größte Finsternis und härteste Kälte überstehen. Durch sie erinnerten Menschen sich an den immerwährenden Kreislauf der Natur, besonders, wenn die Zweige zu Kränzen geflochten waren.

Die Tradition des Weihnachtsbaumes ist eine sehr alte und auch sie zeigt – bis auf einige rein christliche Symbole – wenig religiöse Verbindungen. Als paradiesischer Lebensbaum fand er als Sinnbild Einzug in die christliche Auslegung.

Der Brauch vor Unheil schützende grüne Zweige am und im Haus anzubringen, ist seit dem 13. Jahrhundert belegt. Nicht nur Fichten und Tannen kamen dabei zum Einsatz, sondern auch Stechpalme, Eibe oder Buchs, von denen man sich auch die Abwehr von Hexen, Dämonen und Wiedergängern versprach.

Bäckergesellen sollen es laut Überlieferung gewesen sein, die im Jahre 1419 in Freiburg in Breisgau den ersten Weihnachtsbaum behängten.

Geschmückt wurde mit Naturalien. Äpfel, Nüsse, Gebäck – alles, was der Mensch selbst im Winter an Nahrhaftem benötigte, fand sich auf den Ästen der Bäume wieder. Eine Überlieferung aus Basel aus dem Jahr 1597 berichtet sogar von Käse, der an den Zweigen angebracht war.

In den folgenden Epochen wurde der Baumschmuck zum Spiegel gesellschaftlicher Moden und Trends.

Während das einfache Volk sich mit selbstgebastelten Dekorationen begnügte, zeigte man in gehobenen Kreisen, was man sich leisten konnte.

Kostbare Puppenkleider und Silberschmuck brachten Mitte des 17. Jahrhunderts Kinderaugen an den Fürstenhöfen zum Leuchten.

Seit dem 18. Jahrhundert konnte man spezielles Baumzubehör auf Weinachtmärkten erwerben. Krippenfiguren, Rauschgoldengel, Strohsterne und vergoldete Nüsse waren begehrte Objekte.

In den Glashütten im thüringischen Lauscha entstanden Mitte des 19. Jahrhunderts die ersten Christbaumkugeln. In dieser Zeit etablierte sich auch die Mode, Lametta auf die Zweige zu hängen.

Die Industrialisierung rückte technisches Spielzeug und der Jugendstil glanzvolle Ornamentik in den Mittelpunkt. Und zur Zeit des 1. Weltkrieges fand man sogar U-Boote, Kriegsschiffe und Zeppeline in den weihnachtlichen Wohnzimmern.

Wen mag es also wundern, dass es heute gläserne Essiggurken, Mobiltelefone oder Totenköpfe, sind, die den Wandel der Mode spiegeln? Es sind also beileibe nicht nur amerikanische Touristen, mit ausgeprägtem Hang zu Kitsch, die eine Vorliebe für derartige Erzeugnisse zeigen.

Auch darin, dass wir uns heute an Weihnachten Geschenke bereiten, sehen manche Mythenforscher eine Erinnerung an die Opfergaben unserer heidnischen Vorfahren. Mythologische Quellen berichten, dass sich bereits die alten Römer zum Fest des Sonnengottes am 25. Dezember gegenseitig beschenkten.

Auch bei uns hat das Schenken eine lange Tradition. Im Dezember gab es wichtige Zahltage, wie z.B. an Nikolaus oder Silvester. Besonders am letzten Tag des Jahres sollten alte Rechnungen beglichen sein, da sonst, wie der Volksglaube besagt, die Schulden im neuen Jahr unkontrolliert anwachsen würden. Die Weihnachtszeit war also immer auch die Zeit, in der man sich für Unterstützung und Hilfe im laufenden Jahr bedankte und zurückgab, was man von der Gemeinschaft erhalten hatte.

Dies verband man gerne mit einer liebevollen Gabe.

Die in der Vorweihnachtszeit stattfindenden Weihnachtsmärkte und Wintermessen waren für die Menschen noch einmal Gelegenheit, sich mit Nützlichen und Notwendigen für Speisekammern und Keller einzudecken. Natürlich nutzte man dies auch, um aus den dort angebotenen Waren kleine Aufmerksamkeit für Kinder und liebe Mitmenschen zu erwerben.

Dies war nicht immer im Sinne der Kirchenvertreter. So ist beispielsweise aus dem Jahre 1619 überliefert, dass christliche Messen ausfallen mussten, «weil wegen des Einkaufens zum Kindleinbescheren keine Leut‘ vorhanden gewesen» seien.

Silvester begehen wir heute meist laut mit Feuerwerk und Böllerschüssen, mit Musik und Tanz. In dieser Nacht wird eine Ausnahme gemacht, von dem bis zum Ende der Raunächte geltenden Tanzverbot. Im Grunde widerspricht dies nämlich der Qualität der «Staaden Zeit», in der sich nichts und niemand drehen darf, weil auch das Rad der Sonne sich nicht dreht. Wir verabschieden das alte Jahr mit lautem Knall und begrüßen das Neue mit «Prosit!», einem aus dem Lateinischen stammenden Begriff, der übersetzt «Lass es gelingen» lautet. Auch ein «Guter Rutsch» bedeutet nicht den Wunsch, aufs Glatteis geführt zu werden. Er leitet sich von dem jiddischen Wort «Gut Rosch» ab und heißt übersetzt «Anfang».

Benannt wurde das Silvesterfest nach dem gleichnamigen Papst. Sein Todestag war der 31.12.335. Ihm haftete übrigens ein recht zweifelhafter Ruf an. Der Legende nach ließ er Ungläubige mit Fischgräten ersticken, weshalb sich bis heute der Aberglaube hält, am Silvesterabend sehr vorsichtig beim Verzehr von Fisch sein zu müssen.

Um den Reichtum im Neuen Jahr zu mehren, aß man an diesem Tag Linsensuppe. Je mehr Suppe – umso mehr Geld. Diesem Zweck diente auch das Aufbewahren einer Schuppe des traditionell an Silvester verspeisten Karpfens im Portemonnaie.

Wer sein Glück bewahren möchte, sollte an diesem Tag keine Gänse verärgern oder gar aufscheuchen. Denn mit ihnen, so glaubte man, verfliege das Glück.

Nicht zuletzt waren derartige Nächte des Übergangs immer auch durchdrungen, von dem Wunsch in die Zukunft zu sehen. Gerade deshalb wurde an Silvester gerne die Mantik bemüht. Auch heute noch werden Orakel, das Tarot oder die Planeten befragt, um zu sehen, was das Neue Jahr an schicksalhaften Fügungen bereit hält. Ein inzwischen aus gesundheitlichen Gründen verbotener Brauch, den bereits die Römer zelebrierten, war das Bleigießen. Kleine Bleiklümpchen wurden auf einem Löffel über einer offenen Flamme geschmolzen und anschließend in kaltes Wasser gegossen. Die hierin entstehende Form gab einen Hinweis auf bevorstehende Ereignisse im Neuen Jahr.

Zum Ende der Weihnachtszeit an *Heilig-Drei-König* wurden im bäuerlichen Umfeld traditionell Häuser, Ställe und Scheunen ausgeräuchert. Dazu verwandte man ausschließlich die den drei Weisen zugeordneten Gaben: Gold, Weihrauch und Myrrhe. Sie sollen von ihrer symbolischen Bedeutung her an die göttliche Macht und die Verbindung des Menschen hierzu erinnern und, nicht zuletzt, an die Vergänglichkeit allen Seins. Um das Unglück fernzuhalten, wurden mit geweihter Kreide die Zeichen C-M-B auf die Türen des Hauses gemalt. Diese Buchstabenkombination verweist nicht, wie irrtümlich oft angenommen, auf die den Königen zugewiesenen Namen Caspar,

Melchior, Balthasar, sondern auf die lateinische Bezeichnung «*Christus mansionem benedicat*» = «Christus segne dieses Haus!» Es gilt nicht als erwiesen, dass die Heiligen wirklich drei an der Zahl waren und auch nicht, dass sie den Herrschertitel «König» trugen. Die Tatsache, dass sie dem Kometen folgten, weist sie eher als Magier, Eingeweihte und/oder Astrologen aus.

Beteiligt an den Räucherzeremonien waren alle Bewohner des Hauses. Man fürchtete, derjenigen, die nicht anwesend seien, müssten im Neuen Jahr sterben.

In den kirchlichen Messen wurden an diesem Tag nicht nur Kreide und Weihrauch geweiht, sondern auch Salz. Dieses Drei-Königs-Salz warf man bei drohendem Unwetter ins Feuer oder gab es dem Vieh im Stall bei Krankheiten.

Die Sitte der umherziehenden Sternsinger war im Mittelalter sehr beliebt. Bedürftige erhielten durch sie oft die Überbleibsel der üppigen Festmahle: Stollen, Brot, Würste und Bratenreste.

Auch dem Alkohol wurde zum Abschluss der Weihnachtszeit kräftig zugesprochen. Wie am Stephanitag (26. 12.), so glaubte man auch an Dreikönig auf nüchternen Magen genossene Schnäpse würden vor Krankheiten schützen. Auf Kraft und Gesundheit stieß man auch mit der «Stärk» an, einem extra kräftig gebrauten Bier.

Oft galt die Regel, für jeden Monat im kommenden Jahr ein Seidl Bier (in der Menge von 0,3 bis 0,5 Liter) zu trinken, um diese unbeschadet zu überstehen.

9.4 Heidnische Wurzeln – Raunächte

Die Nächte zwischen Weihnachten und Heilig-Drei-König werden als Raunächte bezeichnet. Die zeitlose Zeit zwischen den Jahren. Diese Benennung lässt Rückschlüsse auf die Sichtweise unserer Ahnen zu, nach der der Begriff «Zeit» nicht einfach nur etwas benannte, das durch den Menschen kalendarisch zu berechnen war. Diese Bezeichnung umschloss eine weit größere Dimension – nämlich die einer irdischen und die einer kosmischen Betrachtung.

Bei unseren Ahnen erfolgte die Einteilung der Monate bzw. des Jahres aufgrund der Phasen des Mondes. Die Einführung einer solaren Kalenderrechnung durch Julius Cäsar im Jahre 46 vor Christus und später dann die des gregorianischen Kalenders durch Papst Gregor XIII im Jahre 1582 brachten erhebliche Differenzen zwischen den beiden Berechnungsmethoden zutage. Während das Sonnenjahr eine Spanne von 365 bzw. 366 Tagen umfasst, zählt das Mondjahr nur 354.

Der Überhang, der sich daraus ergibt, stellte für die Menschen eine «zeitlose» Zeit dar. Eine Reihe von Tagen bzw. Nächten[44], die außerhalb der bestehenden Ordnung lagen. Sie bezeichneten grenz- und schutzlose Bereiche, in denen die *Jenseitigen* Einfluss auf das Schicksal der Menschen nahmen und in denen medial Begabte einen Blick in beide Welten werfen konnten, um zu sehen, was die Zukunft bringen würde. Insofern war es kein Zufall, dass diese Phase der zeitlosen Zeit in den Bereich der Wintersonnwende fiel. Nun ruhte alles Leben. Der tiefste Punkt des Jahres war erreicht. Der Mensch war den Gegebenheiten ausgeliefert. Ein Spielball der Natur und des Kosmos. Sein einziges Bestreben bestand darin, sich vor den schädigenden und lebenszerstörenden Einflüssen der Düsternis zu schützen. Deshalb verließ man nach Einbruch der Dunkelheit die Höfe nicht und wer es dennoch wagte, hatte nicht selten mit mystischen und spukhaften Begegnungen jenseitiger Gesellen zu tun.

Man fürchtete die «Wilde Jagd», die in diesen Nächten mit lautem Heulen und Brausen vom

---

[44] Die Menschen früherer Zeit rechneten i.d.R. eher in Nächten als in Tagen, ebenso in Wintern und nicht in Sommern. Nächte bzw. Winter hatten eine größere Bedeutung. Sie bezeichneten die gefährliche Zeit. Wer sie überstand, konnte sein Lebensalter begründet als «gezählte Winter» benennen.

winterlichen Himmel herabfuhr. Sie war begleitet von Dämonen und Hexenwesen, von Eulen, Krähen und Böcken. Diese Jagd konnte auf Pferden galoppieren oder auf hölzernen Wägen fahren, deren Räder nicht selten brachen, weshalb sie die Hilfe nächtlicher Wanderer benötigten. Wer sie leisten konnte, wurde nicht selten mit goldenen Schätzen belohnt.

Man hütete sich vor dem *Wode* und seinen Totengeistern, hinter dem man den nordischen Gott *Wotan* oder *Odin*, den Gott des Krieges und des Totes erkannte. Er war der Allvater der nordischen Mythologie, der Gott der Runen, der Magie, der Weisheit und der Ekstase. Begleitet wurde er von all jenen, die vor ihrer Zeit gehen mussten. Ihn forderte niemand ungestraft heraus. In wessen Wäsche- oder Kleidungsstück sich die wilde Jagd verfing, war des Todes. Ebenso der- oder diejenige, die dieser Jagd anheimfiel und sich nicht an die allgültigen Gesetze des Lebens gehalten hatte.

Anführer dieser Jagd war nicht der *Wode* selbst, sondern seine Gattin, die *Frigg* oder *Hel*, die Herrscherin des Totenreiches. Alte Darstellungen zeigen sie auch auf Eulen mit weiten Schwingen reitend oder auf einem Wagen sitzend und einen goldenen Spinnrocken schwingend.

In ihrer alpenländischen Erscheinung der *Percht* war sie jedoch auch als Muttergottheit verehrt. Sie hütete die «seligen Heimchen», die Seelen aller verstorbenen Kinder, unter ihrem kosmischen Mantel, während sie in den Wintermonaten über die gefrorene Erde schritt, um nach dem Rechten zu sehen. Dabei lauschte sie auf die erstarrten Säfte in den Pflanzen, auf das gleichmäßige Atmen der schlafenden Tiere in ihren Höhlen und auf die Menschen in ihren Häusern und Höfen. Sie sprach ihnen Trost zu und Zuversicht. Wer nach ihren Geboten lebte, erfuhr ihren Segen, wer dagegen verstieß, lernte ihre unerbittlich strafende Seite kennen. Die Menschen brachten ihr Opfergaben dar, indem sie gedeckte Tische an den Hofeinfahrten aufstellten. Mit Krügen voll Milch und Honig waren sie gedeckt, denn man hoffte, die hohe Frau würde mit ihrem engelhaften Zug vorbeifahren und ihren Segen über die Bewohner sprechen.

Die *Percht* war die Hüterin des Lebens und so wagte man es in der Zeit der Raunächte nicht, auch nur irgendein Leben zu gefährden. Man achtete auf Pflanze, Tier und Mensch, denn dies war das Gebot der *Allweisen Mutter*.

Obwohl der Begriff «*Wilde Jagd*» relativ jung ist – er wurde erst im Jahre 1835 durch Jakob Grimm in seiner deutschen Mythologie geprägt, wird die Darstellung des *Wode* und seinen Totengeistern – all jenen, die vor ihrer Zeit gegangen sind – mit der *«odensjakt»* (*Odins* Jagd) und damit mit der *Jul*zeit – der Zeit der Wintersonnwende in Verbindung gebracht.

In der Mitwinternacht, die heute als *Thomas*nacht gefeiert wird, fand die Wiedergeburt oder Wiederauferstehung eines bedeutenden nordischen Gottes statt: *Donar* oder auch *Thor* genannt. Er war der «Spalter des Jahres und der Zeit». Laut Mythos stieg er zur Wintersonnwende mit seinem Hammer in die Tiefe der Erde hinab, um sie mit einem Schlag wieder zum Leben zu erwecken. Die Dunkelheit war überwunden, das Licht war wiedergeboren und mit jedem neuen Tag gewann es nach und nach an Kraft.

Nach dem Glauben unserer Ahnen war das höchste göttliche Prinzip durch das Weibliche verkörpert. Es waren die Frauen, die Kinder gebaren, die Leben schenkten, es umsorgten und nährten und es waren die Frauen, die das Leben zum Ende hegten und pflegten. Genauso, wie es auch die Lehren der *drei Bethen*, die weiße, die rote und die schwarze Frau verkörpern: Eine von ihnen spinnt den Lebensfaden, die zweite bemisst ihn und die dritte schneidet ihn schließlich ab. Es ist das Mütterliche, aus dem alles Leben stammt und deshalb kehrt jedes Leben, nachdem es beendet ist, wieder zum Mütterlichen zurück.

Das höchste Namensfest der *Percht*, der großen Mutter war die Nacht auf dem 6. Januar, dem Tag, an dem wir heute der Heiligen Drei Könige gedenken, die sich mit Geschenken auf den Weg zum neu geborenen Christus machten.

In der Nacht der *Percht* wurde aller Kinder gedacht – vor allem aber derjenigen, deren Lebensfrist in einer kalten Welt viel zu kurz weilte und die im warmen Mantel der großen, kosmischen Mutter eine ewige Bleibe fanden. In Zeiten hoher Kindersterblichkeit mag dies der einzige Trost für trauernde Mütter gewesen sein. Die *Percht*, so sagte man, würde in dieser Nacht mit einem Krug über die Erde schreiten, um all die vergossenen Tränen der Mütter aufzusammeln, die ihre Kinder nicht am Leben halten konnten.

Es steckt kein Widerspruch in der Tatsache, dass die *Hel*, die *Frigg*, die *Percht* – oder wie ihr

Name auch immer lauten mag – die Herrin über Leben und Tod zugleich ist. In ihrem Wirken liegt das Versprechen, dass nach jedem noch so langen Winter, nach jeder Phase der Düsternis, der Kälte und der Angst immer wieder eine Zeit des Lichts, der Wärme und der Zuversicht kommt. Niemand geht verloren im ewigen Kreislauf der Zeit.